# 感性をみがこう！

Workの答えは弊社ホームページよりダウンロードできます。

## 1 この花を探してみよう！

　あなたの周りには，季節ごとに咲く花がある。次の植物を探してみよう。探した植物はにおいをかいだり触ったりして，五感で感じてみよう。目立たない植物もあるので，よく探してみよう（枠下部に花の大きさを示す）。

1　約2cm
2　5〜7cm　この植物は見るだけ
3　5〜15cm
4　2〜3cm
5　5〜10cm
6　1〜2cm
7　約0.8cm
8　長さ1.7〜2cm
9　1.5〜2.5cm

Work 1

## 2 お母さんはだれだろう？

①〜⑨の「卵」のお母さんはだれだろう？ 次ページから選ぼう。外に出たときに、実物を探してみよう。

Work 2

Work 2

## 3　森の妖精探しをやってみよう！

　自然のなかには，私たちが出会ったことのない森の妖精がたくさん隠れている。自然のなかをよく観察し，いろいろな自然物に"目玉"をつけて，隠れている森の妖精を探してみよう。

### 活動の方法
- 目玉は，手芸用の動眼や紙に書いた目玉など何でもよい。
- 目玉をつける対象は，自然物に限る。
- 自然物につけるものは，"目玉"だけにし，手や足などはつけないようにする。
- 森の妖精をみつけたら友だちを呼んで，妖精の名前や様子を教えてあげよう。

### これまで発見された森の妖精（例）

新たな住みかを目指して

飛び立ちたい

キノコのオヤコ

お弁当つけてどこいくの？

## 4　これは何だろう？

　春になると，よく見かける花のつぼみである。さて，これらは一体何の花のつぼみだろうか。答えがわかったら，これらの花が近所にあるか探してみたり，これらの花を使った遊びを考えてみたりしよう。

Work 3・4

## 5 あなたならどうするだろう？

2つの場面を例に，身近な自然とのかかわりを通じて子どもの感性を育むため，あなたならどうするのかを考えよう。

### 場面① 「もみじ，いっぱい！」

3歳の子どもたちと一緒に散歩しているとき，もみじの葉がたくさん落ちている場所を見つけた。

＜考えてみよう・話してみよう！＞
⇒ この光景を見たあなたの気持ちは？
⇒ この光景を目にした子どもたちは，どのような反応をするだろうか？ それに対して，あなたは保育者としてどのように応答をするだろうか？
⇒ もし子どもたちがこの光景に気がつかなかったら，あなたならどうするだろうか？ その理由は？

＜調べてみよう！＞
⇒ 家の近所にもみじはあるか？
⇒ もみじは，秋になると，なぜ赤やオレンジに色づくのだろうか？
⇒ "もみじ"は"かえで"ともいうが，なぜ呼び方が違うのだろうか？

### 場面② 「この虫な～に？」

公園で遊んでいると，3歳の男の子が捕まえた虫をもってきて，うれしそうに見せてくれた。

＜考えてみよう・話してみよう！＞
⇒ この子どもは，今どのような気持ちだろうか？
⇒ 「こんなの捕まえた！ この虫な～に？」と聞かれたら，あなたはどのように答えるだろうか？ その理由は？
⇒ この子どもの興味を広げるために，保育者としてどのようなかかわりができるだろうか？

＜調べてみよう！＞
⇒ 家の近くの公園には，どのような生き物が生息しているだろうか？
⇒ その生き物の生態や特徴，捕まえ方のコツなどを調べてみよう。

Work 5

## 6 「遊びの環境」どうつくる？

3つの場面から，遊びの環境づくりの工夫点や子どもが経験できることを考えてみよう。

### 場面① 花びらでジュースづくり

摘んでもよい花を使ってジュースづくりをしている。

＜考えてみよう・話してみよう！＞
- ⇒ 子どもはどのようなことを楽しんでいるだろうか？
- ⇒ 遊びに必要な環境にはどのようなものがあるだろうか？
- ⇒ あなたなら，花びらでジュースをつくるときにどのような環境を準備するだろうか？
- ⇒ 花びら以外でジュースをつくる素材は何があるだろうか？

### 場面②-1 ゼリージュース屋さん

つくった色水にゼラチンを入れて固め，それを使ってゼリージュースをつくり，お店屋さんを始めた。

＜考えてみよう・話してみよう！＞
- ⇒ お店屋さんの遊びで，工夫していると思う環境をあげてみよう。
- ⇒ このような環境のもとでは，子どもはどのような会話をしているだろうか？

### 場面②-2 ゼリージュース屋さんの隣に!?

子どもたちがゼリージュース屋さんを始めた後，隣に新しい遊び環境ができた。

＜考えてみよう・話してみよう！＞
- ⇒ 隣にできた環境は何だろうか？
- ⇒ このような環境では，子どもはどのようなことを経験し，学ぶことができるだろうか？
- ⇒ あなたなら，この環境でどのような会話をするだろうか？

Work 6

幼稚園教諭・保育士養成課程準拠

# 子どもと環境

## 子どもの感性をひらく保育者のかかわり

神長美津子・高柳恭子・桂木奈巳・青木康太朗 ● 編著

中央法規

# はじめに

　高度情報化が進展する現代社会に生きる子どもたちの自然体験や，本物にふれる体験等の直接的・具体的体験が少ないことが，深刻な教育上の問題となっています。中央教育審議会答申（2021年）の「『令和の日本型学校教育』の構築を目指して」では，個別最適化の学びを確保するために，デジタルならではの学びとリアルな体験を通した学びを絡めていくことが重要であり，リアルな体験を通した学びがあるからこそ「深い学び」となっていくと述べられています。これらを受けて，幼児教育・保育の段階では，リアルな体験を通した学びを多様な場面で蓄積して小学校以降の学習基盤をつくっていくことが大切であることを確認しました。これらを踏まえて，現在，「幼保小の架け橋プログラム」が展開されています。架け橋期のカリキュラムでは，特に，幼児教育側と小学校教育側の両側から歩み寄って作成するとともに，改めて架け橋期において，子どもが身近な環境とかかわり，心揺れ動く体験を保障する保育・教育環境のあり方や指導者のかかわりが重要であることが指摘されています。

　本書では，領域「環境」にかかわる実践をより豊かに展開し，子どもたちに心揺れ動く体験を通した深い学びを保障していくためには，保育者自身が感性を磨き，その資質能力を高めることが不可欠であると考えました。すなわち，子どもが環境とのかかわりを楽しみながら，さまざまなことを体験し学んでいく保育環境を子どもとともに創り出していくためには，保育者自身がみずみずしい感性をもって環境とかかわる姿勢をもつことが重要です。

　本書の活用にあたっては，保育者養成課程のテキストとしてはもちろんですが，幼稚園や保育所，認定こども園等において，子どもと環境との出会いを改めて考える手がかりを提供していくことも考えています。子どもたちの健やかな発達を保障する豊かな環境づくりのために，本書が広く活用されることを願っています。

2025年2月

編者を代表して　　神長美津子

　本書は，2022年に発行された『子どもと環境──子どもの感性をひらく保育者のかかわり』（光生館）に加筆・修正の上，再発行することになりました。

Work 感性をみがこう！
はじめに

## 序章 子どもとともに「心揺れ動く体験」を創り出すために　1

① 「領域に関する専門的事項」導入の趣旨 …… 1
② 「心揺れ動く体験」と保育者の感性 …… 2
③ 本書で学ぶこと …… 4

# 第1部 理論編　子どもが生きる世界

## 第1章 循環型社会と子ども　6

① 現代の子どもを取り巻く環境 …… 6
② 知識基盤社会で生きる子ども …… 8
③ 循環型社会と子ども …… 10
④ 持続可能な社会と生物との共生 …… 11

## 第2章 しなやかな心と体を育む乳幼児期の体験　14

① 乳幼児期に多様な体験を行う意義 …… 14
② 乳幼児期の体験の現状と課題 …… 19
③ 豊かな体験を支える園の役割 …… 22

## 第3章 乳幼児期・児童期の思考や科学的概念の発達の特徴　23

① 乳幼児期・児童期の認知発達の基礎 …… 23
② 子どもの概念の変化 …… 27
③ 感情表現の発達 …… 31

## 第4章 遊びの環境と「遊びの達人」としての保育者の専門性　32

① 保育者こそ最大の保育環境 …… 32
② 「遊びの環境」の重要性 …… 35
③ 非常時の遊びの環境と保育者の存在 …… 39

## 第 5 章 　幼児教育と小学校教育の「学びのつながり」　41

① 幼児教育から小学校教育を見通す …………………………………………………… 41
② 生活科からみた幼児期における「環境とかかわる体験」 …………………………… 47

## 第 6 章 　保育のなかでのICT活用　54

① ICTの活用 ……………………………………………………………………………… 54
② ICTと乳幼児 …………………………………………………………………………… 55
③ 保育・幼児教育でのICT活用 ………………………………………………………… 56

## 第 7 章 　保育のなかで学ぶSDGs　61

① 持続可能な社会に向けて ……………………………………………………………… 61
② 持続可能な社会を目指す保育実践 …………………………………………………… 64
③ 持続可能な社会の創り手を育てる保育者の役割 …………………………………… 66

# 第 2 部　内容編　環境とかかわり広がる子どもの世界

## 第 8 章 　物とかかわるなかで育つ探究心　70

① 子どもが身近な物とのかかわりを楽しむ体験 ……………………………………… 70
② 子どもが遊具や用具とのかかわりを楽しむ体験 …………………………………… 76

## 第 9 章 　生き物とともに生活するなかで感じる生命の不思議　89

① 子どもが植物にかかわり親しむ体験 ………………………………………………… 89
② 子どもが虫や小動物とかかわり親しむ体験 ………………………………………… 97

## 第 10 章 　自然体験活動を通して育つ感性　107

① 季節の出来事や自然現象にかかわる体験 …………………………………………… 107
② 大自然にふれる体験 …………………………………………………………………… 115

## 第 11 章 　さまざまな情報にふれるなかで出会う生活の豊かさ　123

① 数量や図形にかかわり親しむ体験 …………………………………………………… 123
② 標識・文字にかかわり親しむ体験 …………………………………………………… 131
③ 社会生活（情報・施設）にかかわり親しむ体験 …………………………………… 139

## 第12章 「子どもと環境」の学びを深めるワーク 147

**Work1** 物とかかわるなかで学ぶ遊びの楽しさ「シャボン玉」
（第8章の学びを活かしたワーク） ……………………… 147

**Work2** さまざまな情報にふれるなかで出会う生活の豊かさを探す
〜日常のなかにある形探し（丸・四角・三角）〜
（第11章の学びを活かしたワーク） ……………………… 151

参考文献 ……………………………………………………………… 153

写真協力 ……………………………………………………………… 154

索引 …………………………………………………………………… 155

編者，執筆者一覧

# 序章 子どもとともに「心揺れ動く体験」を創り出すために

**本章で学ぶこと**

本書で学ぶことを概説している。2017年に文部科学省から，これからの教員養成を見据えて新しい教職課程が示された。保育者養成では，「領域に関する専門的事項」が新たに設定された。本章では，なぜ「領域に関する専門的事項」として「子どもと環境」を学ぶことが必要なのか，さらにその具体的内容として何が求められているのかを解説し，保育者の専門性として求められる「感性」について論じる。子どもの環境にかかわる力（感じる心，気づく力，考える力，学びに向かう力等）を育むためには，保育者自身が豊かな感性をもつことが不可欠であり，この視点から，「感性をみがくワーク」を提供している。

## 1 「領域に関する専門的事項」導入の趣旨

2017年6月，文部科学省より教員養成における新しい教職課程が示された。幼稚園教諭養成課程では，「領域および保育内容の指導法に関する科目」に加えて，新たに「領域に関する専門的事項」の科目を導入し，カリキュラム編成をすることになった。保育士養成課程においても，同様に，新たに「領域に関する専門的事項」の科目を導入している。「領域に関する専門的事項」の考え方は，以下の通りである[1]。

> 領域について，領域それぞれの学問的な背景や基盤となる考え方を学ぶことを基本とする。幼稚園教育において，「何をどのように指導するか」という視点で見たときの「何を」に当たる部分である。幼稚園教育要領に示されているねらい及び内容を含めながら，これらに限定されることなく，より幅広く，より深い内容が求められる。

「領域に関する専門的事項」の科目では，特に「領域の学問的な背景や基盤となることを学ぶこと」と，「領域のねらいや内容に限定されることなく，広い視野と深い内容を学ぶこと」の2点が重要である。「学問的な背景」とは，系統性や体系立てた

---

1) 『幼稚園教諭の養成課程のモデルカリキュラムの開発に向けた調査研究——幼稚園教諭の資質能力の視点から養成課程の質保証を考える．平成28年度』保育教諭養成課程研究会，2017

説明を求めているわけではない。領域は，乳幼児期の子どもの発達の諸側面に沿って分類したものである。しかし，乳幼児期の子どものさまざまにある発達の姿からなぜ健康・人間関係・環境・言葉・表現に関する5つの発達の側面を取り上げるのかについては，保育者は5つの発達の側面が将来どのような資質・能力につながっていくのかについて，学問的な根拠を学ぶことは必要だろう。またそのことは，各領域の基盤となる考え方につながっていく。

新たに導入された「領域に関する専門的事項」の科目において，その前提にある各領域の内容に関する学問的な背景を学ぶことにより，各領域それぞれにおいて基本とする考え方や現代的な課題が明確化され，保育者の領域にかかわる指導内容や教材に関する理解を深めるとともに，乳幼児期の教育にかかわる専門性を深めていくことになる。

具体的に領域「環境」で考えてみよう。領域「環境」では，子どもが周囲の環境に好奇心や探究心をもってかかわり，さまざまな体験を重ねて「環境にかかわる力」を育むことを目標としている。「環境にかかわる力」とは，価値あるものに対して感じる心や気づく力，試行錯誤を重ねながら考える力，自らの生活をより豊かにしていくために必要なことを取り入れていく力などである。なぜ，乳幼児期にこうした「環境にかかわる力」を育むことが必要か学問的な根拠を学ぶことが，領域「環境」の基盤となる考え方につながり，子どもたちの将来を見通した保育実践になっていく。

## 「心揺れ動く体験」と保育者の感性

「領域に関する専門的事項」の科目「子どもと環境」では，保育者として必要となる感性を養い，領域「環境」にかかわる保育実践に必要となる専門的な知識・技能を身につけることを目的としている。ここでいう「保育者として必要な感性」，また「領域『環境』にかかわる保育実践に必要となる専門的な知識・技能」とは何か，乳幼児期の子どもにとっての「豊かな体験」の視点から考えてみる。

乳幼児期の子どもは，さまざまな人びと，さまざまな環境，さまざまな出来事と出会い，より広い世界を知りはじめる。いわば，子どもを取り巻く環境との出会いから，さまざまな体験を重ね，健やかな発達が促されていく。乳幼児期の子どもの発達は「さまざまな人と出会うこと」「さまざまな世界と出会うこと」「さまざまな出来事と出会うこと」から促されていくので，子どもを取り巻く環境の在り様は重要な意味をもつ。このため，乳幼児教育では，環境を通して行う教育を基本とし，保育者は，常に子どもの発達を保障するよりよい教育環境を子どもたちとともに創っていくことが求められている。

「よりよい教育環境」とは，それなりに「豊かな環境」が必要である。もちろん，

豊かということは，多様であることも必要だ。園庭にチューリップが咲く花壇もいいが，同時にタンポポやハハコグサなどの雑草園があると子どもの興味・関心は広がる。おそらく，雑草園に集まる虫もいるだろうし，季節が変化することで草花の種類が増えたり，成長し花が咲いたり実をつけたりして，子どもの豊かな体験につながっていく。

　ただし，「豊かな環境」は，多様性だけを求めているのではない。子どもの「心揺れ動く体験」をいかに引き出す環境にあるかが重要である。「心揺れ動く」とは，ある出来事のなかで，何らかの情動や感情が喚起されることである。子どもたちは，保育者や友だちとともに生活する園生活のなかで，さまざまな心揺れ動く体験をする。思いもよらぬ出来事が心揺れ動く体験になっていくこともあるし，保育者の働きかけや支えがあって心揺れ動く体験となっていくこともある。ドキドキする，ワクワクする，うれしい，楽しい，悲しいなどの情動を伴い，心揺れ動く体験となっていく。

　保育のなかで，子どもたちの「心揺れ動く体験」となっていく過程での保育者の役割は大きい。5歳児のあるクラスでダンゴムシを集めた子どもたちが，飼育箱に入れてしばらくその動きを観察していた。保育者は子どもたちと一緒に図鑑を見ながら飼育の方法を調べ，ダンゴムシの飼育環境をつくった。保育者から枯れ葉もダンゴムシのごちそうになることを聞き，子どもたちは人間の食事とは随分違うことを改めて知り驚く。さらに，飼育を続けると，透き通った小さなダンゴムシが生まれていることを発見する。子どもたちは，保育者や友だちとともにダンゴムシの赤ちゃんの動きを追いながら，愛情をもってダンゴムシにかかわり，子どもたちの心揺れ動く体験となっていった。ここでの子どもとともにダンゴムシにかかわる保育者の存在は大きい。保育者自身のなかに，何が価値あるものなのかを感じたり気づく感性がある。いわば，感性豊かな保育者の存在が，感性豊かな子どもの心を刺激し，子どもとともに「心揺れ動く体験」を創りだし，子どもたちの「環境にかかわる力」を育んでいる。

　本書で目指している保育者像は，子どもとともに心揺れ動く体験を創りだす保育者であり，何が価値あるものなのかを感じたり気づいたりする感性豊かな保育者である。

## ③ 本書で学ぶこと

　「第1部　理論編　子どもが生きる世界」では，領域「環境」の基盤となる視点から論じている。第一は，これから生きる循環型社会で求められていることである。第二は，「体験」をキーワードに現代の子どもたちが直面している課題を論じている。第三は，乳幼児期，児童期の思考や科学的概念の発達である。三つの視点から，なぜ乳幼児期に「環境にかかわる力」を育むことが重要なのかを考えていただきたい。さらに，第四は，乳幼児期の保育・教育の基本としている遊びの意義を再確認し，保育者の役割を論じている。第五は，幼児期と児童期の学校段階の違いを踏まえたうえで「学びのつながり」をどうつくっていくかを論じている。第六は，体験を深めるという視点から，保育のなかでICTをどのように活用していくかを論じている。また，第七は，持続可能な社会の視点から，保育のなかで学ぶSDGsについて論じている。いずれの視点も，これからの領域「環境」の内容を深める重要な視点である。

　「第2部　内容編　環境とかかわり広がる子どもの世界」では，子どもは周囲の環境をどのように見ているかから，育んでいきたいことを明らかにし，保育のあり方を論じている。具体的には，物とかかわるなかで育つ好奇心や探究心，生き物とともにする生活のなかで感じる生命の不思議さや畏敬の念，自然体験活動を通して育つ感性，さまざまな情報にふれるなかで出会う生活の豊かさである。

　巻頭のカラーページと第12章では，保育者自身の感性を磨くための，本書ならではのワークを提供している。

# 第 1 部

## 理論編
## 子どもが生きる世界

# 第1章 循環型社会と子ども

**本章で学ぶこと**

本章では，現在の子どもを取り巻く環境について学ぶ。現在は，社会環境の大きな変化が生じており，これからの世の中を生きぬくために，乳幼児期に必要な学びや体験を考える。さらに近年の地球環境の課題を理解する。特に地球温暖化や生物多様性の危機は，喫緊の課題として世界規模で対策がとられている。人材育成と循環型社会の構築のために必要な事柄と，乳幼児期における多様な体験が必須であることを学ぶ。

## 1 現代の子どもを取り巻く環境

### 1 ■ 子どもが育つ環境

保育における「環境」とは，子どもを取り巻くすべての物事をさす。表1-1に，社会環境と自然環境に大別して整理した。

保育では環境とかかわりながら自ら気づき，学ぶ方法を大切にしている。子どもが本来もつ能動性を引き出すには，それを支える周囲の仲間やおとなの存在が必要である。子どもの経験が豊かになるようねらいをもって，環境構成を工夫することが保育者に求められている。

表1-1 子どもを取り巻く環境の種類

| 社会環境 | | | | 自然環境 |
|---|---|---|---|---|
| 人的環境 | 物的環境 | 情報環境 | 文化的環境 | |
| 家族，兄弟，友人，異年齢の子ども，先生など。直接的なかかわり以外に雰囲気や表情なども含まれる | 保育室，園庭，遊具，おもちゃ，身近にある素材など | 新聞，テレビ，雑誌，インターネットなどから得られるもの | 行事，生活様式，伝統芸能，芸術，遊び，外国の生活など | 動植物，微生物など（生物）海，河川，太陽，空気，水など（非生物） |

筆者作成

## 2 ■ 日本における社会環境の変化と課題

　日本では，少子高齢化および人口減少が加速している。人口の地域的な偏在もあり，これにより地域のコミュニティの弱体化を招いている。特に現代特有の社会環境の変化は，子どもの育ちに影響を与え，さまざまな連鎖を生み出している（図1-1）。

　家庭では，子どもは家族員が行う「しつけ」で，基本的生活習慣や社会におけるマナーを体験して身につけ，成長する。人格形成は社会人としての基礎を培うものであるが，近年は家庭内の教育力の低下も課題である。これには核家族化や少子化の影響で，家庭内における子育てを支える仕組みが崩壊し，社会環境の変化も大きく影響している。さらに保護者の孤立化やワークライフバランスの困難も顕在化し，これらの改善とともに家庭に代わる「養育の場」の開拓と，その質の保障が必要とされている。

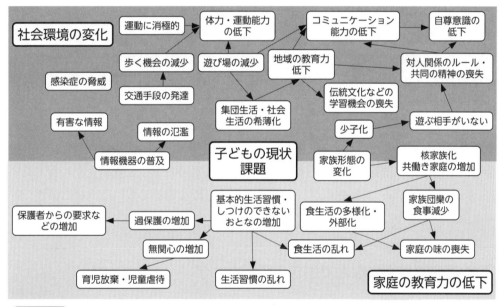

**図1-1** 社会環境の変化と子どもがおかれる現状の連鎖例

筆者作成

# ② 知識基盤社会で生きる子ども

## 1 ■ 知識基盤社会の到来で乳幼児期に求められるもの

　現在，地球規模で社会構造の転換が起こっている。20世紀後半の産業社会から，知識基盤社会への転換である。産業社会は工業に適した社会構造を有しており，大量生産に伴う大量消費が経済発展の主軸であった。人びとには定型的な労働を遂行できる能力が求められ，教育面では基礎学力や知識量，順応性や協調性などを習得させ，社会のニーズに応じようとした。一方，知識基盤社会においては，「新しい知識・情報・技術が政治・経済・文化をはじめ社会のあらゆる領域での活動の基盤として飛躍的に重要性を増す[1]」といわれている。中央教育審議会の答申[2]は，「少子高齢化社会の進行と家族・地域の変容，高度情報化の進展……（中略）……グローバル化の進展，科学技術の進歩と地球環境問題の深刻化，国民意識の変容といった歴史的変動の潮流の中で，それぞれが直面する困難な諸課題に立ち向かい，自ら乗り越えていく力を育てていくことが求められる」と述べている。さらに産業社会における教育と最も異なる点は，「正解が存在しない」ことである。つまり，今までの知識や常識を伝えるだけでは，今後の子どもたちは変容する社会に適応できない。このような変化の激しい社会を生き抜くためには，常に未知の課題を解決に導く力が求められる。好奇心や意欲をもって試行錯誤をすることに加え，ネットワークの形成や交渉力により多様な考えや技術力を提供し合うことが必須となる。これらはまさに乳幼児期に育てたい「生きる力」の育成，多様性の理解の基礎となる身近な環境における多様な体験，他者と協力する姿勢と合致する。

## 2 ■ 最先端技術のなかで生きる子ども

　今日の最先端技術は，AI（人工知能），VR（仮想現実）が代表的であろう。AIは，自動翻訳や自動車の自動運転の実用化，医療現場では病巣の発見など，その恩恵は計り知れない。産業社会で必要とされた人間の仕事の多くはやがてAIに置き換わり，人間の仕事は別の新たな仕事に移ると予測されている。今後はAIとの共存に対応できるか否かで生き方が変わるだろう。人間にしかできない仕事や役割をつくりだせる人が，この社会を生き抜けると予想されている。

---

1）中央教育審議会「我が国の高等教育の将来像──答申」2005
2）中央教育審議会「新しい時代にふさわしい教育基本法と教育振興基本計画の在り方について──答申」2003

VRは，人間の五感を刺激することでコンピュータ上につくられた仮想的な世界を現実のように体験させる技術である。現在はヘッドセットの着用による視覚と聴覚への刺激が主流であるが，ほかの感覚を取り入れる技術も研究されている。開発当初はゲーム機に導入されたが，擬似体験の特質を活かし，スポーツ観戦やトレーニング，企業の研修，医療現場での手術のシミュレーションといった幅広い展開がある。

しかし，使い手側に実社会とのかかわりが薄いと，VRのなかに幸せを求める傾向が強まり，現実からの逃避や社会からの孤立化を促進する可能性もある。さらに，現実と虚構の区別がつかなくなるといった脳に影響を及ぼす懸念もある。いずれにせよ，VRは実物や実体験があるからこそ価値を発揮するものであり，完全にそれらの代替にはならないことを踏まえてつき合う必要がある。

今後も知識基盤社会の流れのなかで，新たな技術が生まれることは必然であり，その技術が人間にもたらす影響を予測することは困難である。日進月歩する知識や技術を生涯にわたり学び続ける姿勢も求められるであろう。

## 3 ■ ICT（情報通信技術）と子ども

ここ数年でICTは劇的な進化を遂げ，私たちのあらゆる生活場面に変化をもたらしている。特にスマートフォンやタブレット端末は，その仕組みや文字を知らなくても操作ができる利点がある。園においても情報機器の活用は行われ，視聴覚教材としてパソコンが導入されているが，直接体験を補う道具として学びの深化を図るために利用されている。使用する際には子どもの年齢に即し，目的を明確にしたうえで活用することが大切である。

子育て家庭における保護者のスマートフォンの所有率は9割を超え，乳幼児のタブレット端末への接触頻度も，年々増加傾向にある[3]。しかし，新たな課題も生じており，使用させるおとなが子どもの発達段階を踏まえ，使用時のルールやフィルタリングの方法を検討する必要がある。

---

3）ベネッセ教育総合研究所「第2回乳幼児の親子のメディア活用調査報告書」2018

② 知識基盤社会で生きる子ども　9

循環型社会と子ども

## 1 ■ 自然の循環

　循環型社会とは，廃棄物の発生を抑制し，持続可能な形で資源を循環利用する社会をいう。この「循環」の一つに，「自然の循環」があげられる。これは地球上に存在する大気，水，炭素，窒素といった物質の循環と，土壌，生物という自然資源が織りなす生態系の循環をさす。人間はこれらの循環を崩さないように経済活動を行わなければならないが，実際には壊れつつある。なかでも近年は気候変動問題が深刻化し，人類は存続の危機に陥っている。人間の活動により環境中へ排出された温室効果ガスによる地球温暖化は，すなわち，われわれ人類が招いた危機である。すでに異常気象，海面上昇，干ばつや洪水が起き，野生生物への影響や人間の生活・健康にも影響を及ぼしつつある。そこで，世界的に脱炭素社会を目指し，原因の大半を占める化石燃料の使用量を減らすことで，人為的な温室効果ガスの排出を止める取り組みがはじまっている。日本でも2050年までに，温室効果ガスの排出を実質ゼロにする宣言がなされた。これは個人の努力のみでは解決できず，再生可能エネルギーの導入や社会のシステム転換が必須とされている。これらを成し遂げるには，現在のわれわれの負の遺産を未来に残してはいけないという強い意志が必要であろう。

## 2 ■ 経済社会における物質の循環

　経済社会における物質の循環とは，限りある資源を社会のなかで循環させるという考え方である。自然から得た資源は「生産—流通—消費—廃棄」という過程を通して私たちの生活で利用されるが，この過程は「ごみ」の生産に直結するともいえる。そこで，ごみの処理時には，環境への負荷を減らす目的で，何らかの措置を施した後に自然界に戻す工夫をしている。循環型社会の実現には「3R[4]」が欠かせない。

　資源の循環と共に，個別の物質循環にも配慮が必要である。例をあげると，車に乗ることで排気ガスが生産され大気中に二酸化炭素が排出される，生活排水に含まれる窒素やリンによって河川が汚染されるというように，人間の行動が「自然の循環」を損なうことがある。循環型社会の実現は「自然の循環を損なわない」という大前提の元に行われていることを意識して，個人の行動に移す必要がある。

---

4）3R：ゴミを減らす（Reduce），再利用する（Reuse），再生利用する（Recycle）の3つのR（アール）の総称。2000年循環型社会形成推進基本法において導入された考え方である。その後，修理（Repair），拒否（Refuse）が加わり5Rとなった。この2項目の追加は，個人の行動指針を明確にする目的もある。

# 持続可能な社会と生物との共生

## 1 ■ 持続可能な社会

　私たち人類が暮らす地球環境および貧困・格差等の人間社会の課題に対処し，長期的な存続を目指して，2015年にSDGs（持続可能な開発目標）が国連サミットで採択された（第7章参照）。SDGsは包括的で大きな概念であり，環境と資源の管理等に焦点をあてた循環型社会の実現は，SDGsの目標の一つを達成する具体的な方法の一つといえる。両者は「持続可能」というキーワードを軸に相互に関連し，補完的な関係といえる。

　ESD（持続可能な開発のための教育）は，2002年に実施された持続可能な開発に関する世界首脳会議において，日本が提唱した考え方である。2005年から2014年を「国連持続可能な開発のための教育の10年」として取り組んだ経緯がある。その後，SDGsのなかで「4：質の高い教育をみんなに」に組み込まれる形で現在も存続している。SDGsが全人類に平和と豊かさを享受できるようにすることを目的としているのに対し，ESDは，持続可能な社会の創り手を育てることを目的としている。そのため，地球規模の課題にアプローチした教育であるESDは，SDGs達成の土台になるといえる。

　広島大学附属幼稚園では，自然とのかかわりに焦点をあて，ESDを保育に取り入れる実践を行ってきた。その実践をもとに，ESDで重視したい項目を幼児期の生活に適用させることについて検討を行った（表1-2）。

　ESDは，小学校以降の環境教育において取り入れられることが多い。しかし，人格形成の基盤となる乳幼児期からはじめることで，より効果があると考えられる。「体験を通した自然に対する理解や態度は，「環境観」や「生命観」の基盤を形作り，小学校以降でのESDにおいての実感を伴った学習活動につながる[5]」と述べており，持続可能な環境の保全を踏まえた環境教育の基盤となるとしている。

---

5）広島大学附属幼稚園「幼児期におけるESDの創出」『幼児教育研究紀要』第41巻，2019，p.5

**表1-2** ESDで重視する能力・態度

| ESDで重視する能力や態度<br>（国立教育政策研究所） | 幼児期における定義 |
|---|---|
| ① 批判的に考える力<br>合理的，客観的な情報や公平な判断に基づいて本質を見抜き，物事を思慮深く，建設的，協調的，代替的に思考・判断する力 | さまざまな物事にかかわり，試行錯誤したりほかの子どもの思いに触れたりしながら，遊びや生活をよりよくするために考えを巡らせたり考え直したりしようとする力 |
| ② 未来像を予測して計画を立てる力<br>過去や現在に基づきあるべき未来像（ビジョン）を予想・予測・期待し，それを他者と共有しながら，物事を計画する力 | 遊びや生活をよりよくするために，友だちと一緒に予測したり期待したり確かめたりしようとする力 |
| ③ 多面的，総合的に考える力<br>人・物・こと・社会・自然などのつながり・かかわり・ひろがり（システム）を理解し，それらを多面的，総合的に考える力 | 多様性や循環性などを身体を通して経験し，さまざまな考え方があることや，いろいろな物がつながっていることを感じる力 |
| ④ コミュニケーションを行う力<br>自分の気持ちや考えを伝えるとともに，他者の気持ちや考えを尊重し，積極的にコミュニケーションを行う力 | 自分の思いを相手にわかるように伝え，相手の思いをわかろうとするなど，親しみをもって相手にかかわろうとする力 |
| ⑤ 他者と協力する態度<br>他者の立場に立ち，他者の考えや行動に交換するとともに他者と協力・共同して物事を進めようとする態度 | お互いのよさを認め合い，友だちと協力して遊び合う生活を進めようとする態度 |
| ⑥ つながりを尊重する力<br>人・物・こと・社会・自然などと自分のつながり・かかわりに関心をもち，それらを尊重し大切にしようとする態度 | 身の回りの自然，社会，人と自分とのつながりを感じ，感謝する態度 |
| ⑦ 進んで参加する態度<br>集団や社会における自分の発言や行動に責任をもち，自分の役割を踏まえたうえで，物事に自主的・主体的に参加しようとする態度 | 園生活のなかで，自分のできることや自分の役割をみつけて担おうとしたり，物事に自分から参加しようとしたり，責任をもとうとしたりする態度 |

資料：広島大学附属幼稚園「幼児期におけるESDの創出」『幼児教育研究紀要』第41巻，2019，p.5

## 2 ■ 生物多様性

　生物多様性は，生き物の豊かな個性とつながりをさし，1993年に生物の多様性に関する条約（生物多様性条約）が国際条約として発効された。「生物の多様性の保全」を筆頭に，「生物多様性の構成要素の持続可能な利用」「遺伝資源の利用から生ずる利益の公正かつ衡平な配分」の3つの目標を掲げている。地球上の生き物は相互に影響し合って生活をしているが，その一つひとつが地球環境の維持に役立つという考え方である。

写真1-1 ● 幼稚園での「田植え体験」の様子。ESDの視点でみると「育てる」「食べる」という経験を通し，自然のめぐみの享受や食に対する適切な思考力の育成，郷土愛などを育む活動となり，体験活動の深化が期待できる。これらは幼児教育においても共通点が多い。

　多様な生物種（種の多様性）それぞれは，遺伝子の多様性をもつことで環境の変化などに耐えうるとされている。これらの多様な生き物が生息するには，山や海，森林などの多様な生態系が必要である。これら3つの多様性を守るために，条約に批准した国々は日本も含めて独自の対策が講じられている。人間が地球上で生存できるのは，生態系サービスの恩恵[6]によるが，これらは多様な生き物が生息するからこそ得られる。

　現在は絶滅の速度が増したり侵略的外来生物の移入などにより，その危機が訪れているが，主な原因は人間の活動によるものである。現在の生態系は数千・数万年を経て進化を繰り返した生物たちの関係で成り立っている。これが一度失われると取り戻すためには膨大な時間がかかるため，現存の生物をすべて保護しようとしている。人間も地球上の生物のつながりのなかにあることを忘れず，ほかの生物を尊重する態度をもつべきである。乳幼児期から自然にふれ，その恩恵に感謝し，畏敬の念をもつ機会や体験を繰り返し得ることが求められ，これにより持続可能な社会の創り手に育つことが期待される。

---

6）生態系サービスとは，主に①供給（衣食住に必要な資源の提供），②調整（快適な生活の維持に必要な気象の維持，水質浄化等），③文化（レクリエーションや学びの場の提供），④基盤（生命維持にかかわる水，空気，土，栄養など）の4つをさす。

# 第2章 しなやかな心と体を育む乳幼児期の体験

> **本章で学ぶこと**
>
> 乳幼児期の教育は，子どもの生活や遊びといった直接的・具体的な体験を通して，人とかかわる力や思考力，感性や表現する力などを育み，生涯にわたる人格形成の基礎を培うことを目指している。そのため，保育者は，乳幼児期の体験の意義などについて理解を深めておく必要がある。
> 本章では，乳幼児期に多様な体験を行う意義や，乳幼児期の体験の現状と課題について理解を深めるとともに，豊かな体験を支える園の役割について学ぶことをねらいとする。

## 乳幼児期に多様な体験を行う意義

### 1 ■ 豊かな体験がもたらす効能―しなやかな心と体の育成

　青空の下，友だちと一緒に元気いっぱい笑顔で走り回る子どもの姿は，いつ見ても気持ちがいいものである。また，何かに没頭し，真剣なまなざしで一生懸命に取り組む子どもの姿は，おとなでもハッとさせられる気迫を感じるときがある。

　子どもは，日々の生活のなかで出会うさまざまな環境に自ら興味や関心をもちかかわることで体験を深め，好奇心や探究心など心を揺り動かしながら，次の活動を生み出していく。特に，環境を通して行うことを基本とする乳幼児期の教育は，子どもの生活や遊びといった直接的・具体的な体験を通して，人とかかわる力や思考力，感性や表現する力などを育み，生涯にわたる人格形成の基礎を培う。

　乳幼児期の体験は，子どもの成長にとってどのような意味があるだろうか。

　自然体験や生活体験，お手伝いをよくしている子どもほど，道徳観や正義感，自己肯定感といった意識が高く，探究力や自立的な行動習慣が身についている傾向にあるといわれている[1]。また，幼児期に外遊びをよくしていた子どもは，日常的に運動している割合が高く，体力や運動能力が高い傾向がみられることや，社会や自然の事柄

---

1）国立青少年教育振興機構青少年教育研究センター「青少年の体験活動等に関する意識調査――報告書 令和元年度調査」2021

に「不思議だな」「おもしろいな」と思う子どもほど，算数や国語，理科の正答率が高くなる傾向がみられることが，国の調査で明らかになっている[2][3]。

　このように，子どもの頃のさまざまな体験は，しなやかな心と体の育成に寄与するだけでなく，学力を高める要因のひとつにもなり，豊かな人間性や資質・能力を育む糧になっている。そして，子どもの健やかな成長を確かなものにするには，何かひとつの体験をするのでなく，幼いころから身近な環境とのかかわりを通じて，多様な体験を積み重ねていくことが大切になる。

## 2 ■ "体験する"ということの考え方

　乳幼児期にさまざまな体験をすることは大切だが，たださせられているだけでは得られる成果が少なかったり，意味をなさなかったりすることもある。

　"体験する"ということは，何かしらの活動（自然体験，遊びなど）や行為（人助け，けんかなど）を"すること"だけを意味するのではない。体験を通じて得られる感情（うれしい，悔しいなど）や気づき（わかる，発見するなど），学び（理解する，できるようになるなど）といった質にかかわる部分も含まれる。また，"体験する"には，自らが動いたり働きかけたりする能動的な体験だけではなく，他者からの働きかけ（褒められる，叱られるなど）といった受動的な体験も含まれる。つまり，"体験する"は，何かしらの活動や行為を能動的・受動的に行い，それを通じて得られる感情や気づき，学びを含んだ一連の流れを表している。そして，体験を通じて得られる感情や気づき，学びこそが子どもの成長を促す大きな糧になるのである。

　体験の質を高めるには，子どもに体験を"やらせる"のではなく，"やろう"という気持ちにさせることが大切である。そして，主体的な学びの姿勢を促すためには，体験を通じて何かを"教える・伝える"よりも，"わかる・気づく"ことができる機会をできるだけ多くすることが大切である。自分の力で得た学びは，教えられて得た学びに比べ，喜びや充実感も大きく，さらに知りたい，学びたいという好奇心や探究心を喚起することにもつながる。

　また，親や保育者，近所の人といったおとなとのかかわりも子どもの成長を支える重要な要素のひとつになる。子どもの周りにいるおとなは，子どもに体験の場や機会を提供するだけでなく，温かく見守りつつも，さまざまな体験を通じて子どもを褒めたり，励ましたり，悩みを聞いたり，ときには叱りながらうまくかかわりあいをもつようにし，心の成長を促す働きかけを積極的に行っていくことも大切になる。

---

2 ）スポーツ庁「令和元年度体力・運動能力調査」2020
3 ）文部科学省・国立教育政策研究所「平成30年度全国学力・学習状況調査」2018

## 3 ■ 子どもにとっての自然体験の意義

　子どもが調和のとれたおとなに成長するためには，発達のさまざまな側面に関連する多様な体験をすることが重要である。とりわけ，乳幼児期の自然とのかかわりや外遊びといった体験は，子どもの成長過程に欠くことのできない重要なものである。

　自然に触れて遊ぶなかで，子どもは全身で自然を感じ取ることで心が癒やされ，自然に対する驚きや発見，感動などから湧き上がる好奇心や探究心をより所に，体験を通じて多くのことを学んでいく。こうした乳幼児期の自然体験の意義について，神長は次の4つをあげている[4]。

> ①　土や砂，水などにまみれて自由に遊ぶ中で，幼児は心を開放し，安定することができる。
> ②　幼児は自然と出会い，興味をもって繰り返しかかわることから，自然の不思議さや驚き，美しさを感じる。それらはさらに自然への親しみや畏敬の念を抱くことにつながっていく。
> ③　幼児は自然環境に働きかけるなかで，発見する喜び，試す・確かめる等の体験をし，好奇心や探究心をはぐくみ，科学的な見方や考え方の芽生えが培われる。
> ④　幼児は，生命と触れ合う体験を通して，生きものへの親しみや愛情をもつことができ，全人的な発達を促すことにつながる。

　しかし，現在の子どもの遊びや生活の状況をみると，昔であれば当たり前にできていた大きな木に登る，虫を捕まえる，土や砂に触れる，草花を摘む，夕日をみて感動するといった自然に触れたり，感じたりする経験が少なくなってきている。そのため，園での生活や遊びのなかで，子どもが身近な自然に触れられる機会をできるだけ多く提供し，子どもなりにその大きさ，美しさ，不思議さなどを全身で感じ取ることができる機会を設けるように工夫することが，今日の子どもの教育・保育において重要な課題のひとつとなっている。

## 4 ■ 豊かな感性を育み思考力を高める

　自然とのかかわりから，豊かな感性を身につけたり，さまざまな事象に興味や関心

---

4）日置光久・村山哲哉・神長美津子・津金美智子編著『子どもと自然とネイチャーゲーム──保育と授業に活かす自然体験』日本ネイチャーゲーム協会，2012，p.17

をもったりすることは幼児期に必要な体験である。アメリカの環境学者のレイチェル・カーソン（Carson, R.）は，自然の神秘さや不思議さに目をみはる感性のことを"センス・オブ・ワンダー"と表現し，幼いときにこそ，こうした感性を養うことが大切だと指摘している[5]。

> 子どもたちが出会う事実のひとつひとつが，やがて知識や知恵を生みだす種子だとしたら，さまざまな情緒やゆたかな感受性は，この種子をはぐくむ肥沃な土壌です。幼い子ども時代は，この土壌を耕すときです。美しいものを美しいと感じる感覚，新しいものや未知のものに触れたときの感激，思いやり，哀れみ，賛嘆や愛情などのさまざまな形の感情がひとたび呼び覚まされると，次はその対象となるものについてもっとよく知りたいと思うようになります。そのようにして見つけだした知識は，しっかりと身につきます。

　感性とは，身のまわりにある物事などを感じ取る力で，「感覚」「感受性」「感情」の3つの視点からその意味をとらえることができる。「感覚」とは，五感を通して身のまわりにある事物や事象を認識する力で，「感受性」は認識したことの意味や状況などを理解する力である。そして，理解したことに対して抱く気持ちが「感情」になる。

　たとえば，散歩をしていると，満開の桜が咲いていて，風に吹かれてヒラヒラと舞い散る花びらをみかけたとする。そのときには，「きれい」「はかない」など，人によってさまざまな感情が湧き起こるであろう。これを先ほどの説明に当てはめると，「感覚」は，目で桜を見たり風が吹いているのを肌で感じたりすることで，「感受性」は，桜が咲いていて，風に吹かれて花びらが舞っているという状況を理解するということになる。そして，目で見て肌で感じた（感覚）状況を理解した（感受性）ことで抱く「きれい」「はかない」といった気持ちが，「感情」となる。

　感性とは，身の周りにある物事などに目を向け，その状況を自分なりに理解していくことで，何かしらの情動が生じることといえる。では，豊かな感性とは何であろうか。感性は，思惟（悟性的認識）の素材となる感覚的認識ともいわれ，新たな知識や技能の獲得に必要な創造的思考のもとにもなる。つまり，豊かな感性とは，人が気に留めないような何気ない物事にもつぶさに目を向け，その様子をじっとみつめて敏感に感じ取りながら，自らの好奇心の赴くまま，さまざまな思いを巡らせることといえる。こうした豊かな感性が育まれていくことで，物事を表面的にとらえるのではなく，その性質や仕組みといった物事の本質を知ろうとする深い思考力が身につき，そ

---

5）レイチェル・カーソン，上遠恵子訳『センス・オブ・ワンダー』新潮社，1996, pp.24-25

の後の学ぶ力にもつながっていくと考えられるのである。

　豊かな感性を育むうえで，なぜ自然とのかかわりが大切になるのか。それは自然には，人間にはまねのできない造形の美しさや魅力があり，生物の営みは神秘的で，科学では説明できない不思議や驚きにあふれているからである。特に，子どもにとっては身近にあるささやかな自然であっても，はじめて目にするものも多く，「これ，なに？」「すごくきれい！」「なんで，こうなるの？」「これ，やってみたい！」など，子どもの遊び心をくすぐる素材が豊富にある。こうした自然に対する好奇心や探究心が，子どもの瑞々しい感性を豊かに育むきっかけになるのである。

## 5 ■ これからの社会における人間の強み

　AI（人工知能）を中心としたICT（情報通信技術）の進化は，子どもの将来を大きく変えようとしている。AIの進化によって，今後，半数近くの仕事が自動化される可能性が高いとの予測があり，子どもの多くは，将来，今は存在していない職業に就くといわれている。

　しかし，このような時代だからこそ，人間ならではの感性を働かせて，社会や人生，生活をより豊かなものにしたり，現在では思いもつかない新しい未来の姿を構想し，実現したりしていくことができるとの指摘もある。中央教育審議会の答申では，AI社会における人間の強みについて次のように述べている[6]。

> 　人工知能がいかに進化しようとも，それが行っているのは与えられた目的の中での処理である。一方で人間は，感性を豊かに働かせながら，どのような未来を創っていくのか，どのように社会や人生をよりよいものにしていくのかという目的を自ら考え出すことができる。
> 　多様な文脈が複雑に入り交じった環境の中でも，場面や状況を理解して自ら目的を設定し，その目的に応じて必要な情報を見いだし，情報を基に深く理解して自分の考えをまとめたり，相手にふさわしい表現を工夫したり，答えのない課題に対して，多様な他者と協働しながら目的に応じた納得解を見いだしたりすることができるという強みを持っている。

　AIは，ビッグデータや複雑な計算であっても的確に処理し，最適解をだすことができる。しかし，与えられた目的のなかでしか動くことができず，それは何のために

---

6）中央教育審議会「幼稚園，小学校，中学校，高等学校及び特別支援学校の学習指導要領等の改善及び必要な方策等について（答申）」2016

するのか，その解をどう活かしていくのかといったことまでは考えることができない。そこに人間とAIとの違いがあり，人間の強みがある。

　これからの社会における人間の強みは，変化の激しい社会のなかでも，感性を豊かに働かせながら，よりよい人生や社会の在り方を考え，試行錯誤しながら新たな問題を発見・解決し，新たな価値を創造していくことができることといえる。こうした強みを伸ばしていくためには，幼いころから身近な環境とのかかわりを通じて豊かな感性を養い，物事の本質を探究する思考力を身につけ，よりよい社会や人生の創造に活かしていけるようになることが大切になる。

## 2　乳幼児期の体験の現状と課題

### 1 ■ 自然と触れ合える機会・体を動かして遊べる場所の減少

　都市化や情報化，少子化など，子どもを取り巻く環境がめまぐるしく変化するなかで，子どもが豊かな自然と触れあえる機会は少なくなり，友だちと一緒に思いきり体を動かして遊べる場所も限られてきている。特に，都会に住む子どもたちは，身近にかかわれる自然環境が少ない状況にある。

　都市部に暮らす子どもの保護者は，子どもの自然体験への関心は高いものの，都会に住んでいるため自然体験をさせたくても十分できていないと感じている人は多い。そのため，子どもに自然体験をさせたいと考えている家庭では，森のようちえん[7]やキャンプ活動などに積極的に参加させたり，休日は家族で山や川，公園などで過ごしたりしながら，すすんで自然に触れる機会を用意し，体験している状況にある。

　ベネッセ教育総合研究所の調査によると[8]，公園の遊具を使った遊び，石ころや木の枝など自然のものを使った遊び，おにごっこ，缶けりなどの外遊びは，1995年から2022年にかけて，子どものよくする遊びとしてあげられる割合が高くなる傾向がみられている。また，昨今のアウトドアブームで，家族でキャンプに行く家庭も増えてきている状況にある。乳幼児期の自然とのかかわりや外遊びといった体験の重要性は，今日の社会でだれもが認めることである。そのため，自分の子どもに自然体験や外遊びをさせたいと考え，その機会をつくろうとしている家庭が近年増えつつあると

---

[7] 北欧諸国で始まったとされる森の幼稚園・野外保育で，わが国では「自然体験活動を基軸にした子育て・保育，乳児・幼少期教育の総称」といわれている。
[8] ベネッセ教育総合研究所「第6回 幼児の生活アンケート レポート」2022, p.30

いえる。

　一方，豊かな自然に恵まれた地方で暮らす子どもはどうであろうか。地方で暮らす子どもは，都市部で暮らす子どもに比べ，海や川で泳いだことや昆虫を捕まえたこと，夜空いっぱいに輝く星を見たことといった自然体験が豊富であると思われがちである。しかし，今の子どもは，住んでいる場所によって大きな差はなく，地方で暮らす子どもは，身近にあるからこそ自然に触れる体験のおもしろさや楽しさに気づきにくく，自然の壮大さを感じたり，畏敬の念を抱いたりする機会が少なくなっていると指摘する声がある。また，地方の園では，「最近の子どもたちは，自然のなかで遊ぶという体験が少なく，自然のなかへ連れ出しても遊べない，何をして遊べばよいのかわからないといった子どもが増えてきているように感じる」「家のなかで過ごすことが多いためか，汚れることを嫌がったり，虫が嫌いという子どももいる」といった声も聞かれる。

　昔は当たり前のようにできていた子どもの頃のさまざまな体験が，今は，都市部や地方にかかわらず，周囲のおとなが意図的にその環境を用意しなければならなくなってきている。そのため，子どもによっては，外で遊んだ経験がほとんどないまま入園してくるケースもあり，自然とのかかわりはもちろんのこと，人とのかかわりや体を動かす体験も含めて，今の子どもは個人差や経験差が大きいというのが現状である。

## 2 ■ 家庭の経済格差による子どもの体験格差

　近くに遊べる場所がない，同年齢の子どもが近くにいない，子どもを遊びに連れていく時間がつくれないなど，子どもに体験の機会を提供できない理由はさまざまある。しかし，近年，子どもの体験不足の主な要因として取り上げられる課題は子どもの貧困である。

　わが国では，現在，約9人に1人の子どもが貧困状態にあるといわれている。公益社団法人チャンス・フォー・チルドレンの調査[9]によると，経済的に厳しい家庭の子どもの約3人に1人が学校外の体験活動（習い事やクラブ活動，自然体験や文化的体験等）を何もできていない状況にあることが分かっている。

　日本の教育費は諸外国に比べて私費負担の割合が高く，家計の負担に依存しているといわれている。そのため，子どもにさまざまな体験をさせようと思えば，家計の負担がさらに増えることから，経済的に優位な家庭とそうでない家庭とでは，子どもの体験量が違うと指摘する声もある。つまり，家庭の経済状況の格差が，子どもの体験の豊かさの格差につながっているのである。

9）公益社団法人チャンス・フォー・チルドレン「子どもの『体験格差』実態調査」2023，p.19

## 3 ■ 保護者の理解不足と若い保育者の経験不足

　自然のなかでの遊び方を知らず，興味がない保護者の家庭では，自然よりも街に出かけて過ごすことが多く，子どもが自然のなかで遊びたいという欲求をもっていても，それを発散する機会に恵まれない状況にある。また，園で自然体験や外遊びを行っても，保護者のなかには虫に触ったり汚れることを嫌がる人もおり，そのような保護者に，乳幼児期の自然体験や外遊びの大切さをどのように伝え，理解を促していくのかが課題となっている。

　こうした状況のなか，今日の保育現場では，いかに子ども自らが自然にかかわり，身近なものとして感じられるような仕組みを用意できるかという点で，保育者に大きな期待が寄せられている。しかし，最近では，幅広い生活体験や自然体験を十分に積むことなく保育者になる場合もあり，自らの多様な体験を取り入れながら具体的に保育を構想し，実践することがうまくできない保育者が少なからずいるとの指摘もある。そのため，保育者を目指す学生や経験の浅い若い保育者には，自然体験や外遊びに関する基本的な知識と指導法を学び，その技術を高められる機会を設けることが課題となっている。

## 3 豊かな体験を支える園の役割

　幼稚園や保育所，認定こども園等は，集団のなかで体系的・継続的な活動を行うことのできる保育の場を活かし，家庭や地域と連携しつつ，子どもたちの豊かな体験の場や機会を確保することが期待されている。

　幼稚園教育要領や保育所保育指針等では，領域環境のねらいとして，「身近な環境に親しみ，自然と触れ合う中でさまざまな事象に興味や関心をもつ」「身近な環境に自分から関わり，発見を楽しんだり，考えたりし，それを生活に取り入れようとする」「身近な事象を見たり，考えたり，扱ったりする中で，物の性質や数量，文字などに対する感覚を豊かにする」をあげている。また，子どもが自然とのかかわりを深めるために指導する内容として，次のことをあげている。

> ・自然に触れて生活し，その大きさ，美しさ，不思議さなどに気付く。
> ・生活の中で，さまざまな物に触れ，その性質や仕組みに興味や関心をもつ。
> ・季節により自然や人間の生活に変化のあることに気付く。
> ・自然などの身近な事象に関心をもち，取り入れて遊ぶ。
> ・身近な動植物に親しみをもって接し，生命の尊さに気付き，いたわったり，大切にしたりする。
> ・身近な物や遊具に興味をもってかかわり，自分なりに比べたり，関連付けたりしながら考えたり，試したりして工夫して遊ぶ。

　保育者には，日常的な教材研究を重ねながら環境の構成や援助の幅を広げて，子どもが身近な環境と主体的にかかわり，豊かな体験が生み出されるよう保育環境を整えたり，工夫したりすることが求められている。

# 第3章 乳幼児期・児童期の思考や科学的概念の発達の特徴

**本章で学ぶこと**

子どもは，誕生時から手や足で触ったり，においをかいだり，舌でなめたり，耳で聞いたり，目で見たりしながら，自ら周りの環境（世界）に働きかけ，かかわりをもち，世界を積極的に理解しようとしている。
本章では世界の理解の土台となる，乳幼児期・児童期の学習や思考などの認知発達について，ピアジェやヴィゴツキーの理論を紹介しながら，基礎的な理解を深めていく。また，物理や生物にかかわる事象などにおいて，その概念の変化や発達を考えながら，科学的概念の形成についても考えていく。

## 1 乳幼児期・児童期の認知発達の基礎

「認知」とは，われわれが環境（世界）についての情報を得ることができるようにする知覚，学習，記憶，推論，問題解決などのプロセスである[1]。われわれは，感覚器官（触覚・嗅覚・味覚・聴覚・視覚）を最大限に活用しながら，環境とかかわり，情報を収集したり，吟味したり，蓄積したり，伝達したりしている。認知発達とは，環境を理解し，操るためのプロセスが発達することである。

ここでは，子どもの認知発達に関するさまざまな研究に，大きな影響を与えている，ピアジェとヴィゴツキーの理論について紹介する。

### 1 ■ ピアジェの認知発達理論

発達心理学者のピアジェ（Piaget, J.）は，認知発達の理論を提唱している。ピアジェの理論は，抽象的で難解な部分も多いが，より豊かになりうる理論であり，その後の多くの研究の出発点となっている[2]。

ピアジェによれば，子どもは，収集した情報を，自分のもっている環境をみるため

---

1) U. ゴスワミ，岩男卓実・上淵寿・古池若葉・富山尚子・中島伸子訳『子どもの認知発達』新曜社，2003
2) J. ピアジェ，中垣啓訳『ピアジェに学ぶ認知発達の科学——Piaget's theory』北大路書房，2007

のシェマ（行動や思考の枠組みのようなもの）に合わせて理解したり（同化），情報に合わせて自分のシェマを修正したり（調節）しながら，環境を理解し，認知を発達させていく。同化と調節の安定した均衡が，認知的に「適応」している（自分のもっているシェマで環境を理解できている）状態であると考えられるが，自分を取り巻く環境が変化すれば，その環境を理解するのに不適切となったシェマを，さらなる適応を目指して置き換えていく必要がある。そのためにはより適切な認知が必要となり，認知発達をもたらす。

　ピアジェの認知発達理論の段階として，最もよく知られているのは，（1）感覚－運動期，（2）前操作期，（3）具体的操作期，（4）形式的操作期，の4段階の区分であろう。

## （1）感覚－運動期：0～2歳

　感覚－運動期の子どもは，吸う，つかむ，触れる，見る，聞くといった具体的な活動を通して，環境とやり取りする。感覚を通して能動的に世界に働きかけることで，シェマを獲得し，同化・調節を繰り返しながら，世界の理解を深め，他者と自分を区別し，物の存在を理解（物の永続性の理解を獲得）するようになっていく。

　感覚－運動期においては，下位段階として次のような6段階の認知的変化が示されている。

### ❶ 第1段階：0～1か月

　「生得的なシェマである反射の同化と調節」の段階である。例えば，赤ちゃんは，唇に乳首が触れると反射的に吸う反応を示すが，この吸う反応（生得的なシェマ）をさまざまなものにあてはめて（同化して）吸ってみることによって，飢えを満たすものなのか，そうでないものなのかといった区別ができるようになる。また，よりスムーズに母親の乳首を吸うために，自分の吸う動きを修正すること（調節）を学び，より上手に吸うことができるようになる。

### ❷ 第2段階：1～4か月

　「第1次循環反応」がみられる段階である。循環反応とは，繰り返し行動のことで，第1次の繰り返し行動は自分自身にかかわるものである。

　例えば，偶然口に触れた手を吸った赤ちゃんは，手が口からはずれると元に戻そうとするが，最初はうまくできない。吸うことのシェマを手に同化し，失敗を何度か繰り返したあとに，手を吸う活動をうまく調節できるようになると，指しゃぶりができるようになる。

### ❸ 第3段階：4～10か月

　「第2次循環反応」がみられる段階で，第2次では，繰り返し行動は外界にかかわるものとなる。例えば，足に触れた物を蹴って落とすといったできごとに興味をもつ

と，赤ちゃんはそれを再現しようとして飽きることなく何度も繰り返し足で蹴って物を落とす。

❹ **第4段階：10〜12か月**

「2次的シェマの協応」の段階である。赤ちゃんは，ひとつの目的に到達するために，ふたつのシェマを協応させる（感覚器官と運動器官を連携させる）ことを学ぶ。例えば，毛布の端にほしいおもちゃがのっているとすると，赤ちゃんは毛布を引っ張って自分の手の届くところまで動かし，おもちゃをつかむことができるようになる。つまり，この段階では，ほしいおもちゃをつかむという目的のために，毛布を引っ張るという行動を手段として用いるといった「手段・目的」行動がみられる。

❺ **第5段階：12〜18か月**

「第3次循環反応」がみられる段階で，この段階になると，赤ちゃんは，ある行為の結果を確定するために，試行錯誤しながらいろいろな活動を実際に試す。例えば，ガラガラを振ることで生じるさまざまな音を聞くために，強く振って大きな音を出したり，弱く振って小さな音を出したりといったことを繰り返す。

❻ **第6段階：18か月〜2歳**

「思考の始まり・シェマの内化」の段階で，赤ちゃんは，自分で行為をする前に頭のなかで行為と結果を組み合わせて，結果を予測することができるようになり，じっくりと思考するようになる。例えば，赤ちゃんはモデルについてのイメージをもつようになり，直接的な知覚から離れて，延滞模倣ができるようになる。

感覚−運動期において，赤ちゃんの世界は，自分自身の身体と行為が中心となっているが，そこから離れることで次の段階へと進むことになる。

## （2） 前操作期：2〜7歳

前操作期は，具体的操作の思考のための準備期であり，この時期の子どもは，主観的，自己中心的に世界をとらえるとみなされている。

前操作期の子どもは，イメージを使って世界を認識することが可能になり，実際に行為をしてみるのではなく，頭のなかでイメージや言葉を用いて思考することができるようになる。しかし，まだ直感的な思考にとどまっており，自己中心性（中心化：例えば，自己の視点と他者の視点との区別を知らないことから，結果的に自分の視点を絶対的なものであるかのようなふるまいをすること）のために，3つ山問題や保存課題のような課題に成功できない。例えば，3つの形と大きさが異なる山の模型について，自分とは別の位置から見ている人形からの見えを尋ねられても，自分の位置からの見えを答えてしまうし，目の前で形と大きさが同じであることを確認した2つのコップに同じ量のジュースを入れて，確かに同じ量であることを確認したのに，一方のジュースを細長いコップに移すと，細長いコップのジュースのほうが，量が多いと

答えてしまう。

## （3） 具体的操作期：7～11歳

具体的操作期は，保存課題のような具体的なもの（数や計量）については，論理的に操作できる時期である。脱中心化によって，他者の観点を考慮にいれることができるようになり，可逆的操作ができるようになる。例えば，「赤い花（A）と赤以外の花（A'）を合わせたらカラフルな花束（B）になる」という原理（A＋A'＝B）を理解し，「カラフルな花束（B）から，赤以外の花（A'）を取り去ると赤い花（A）だけになる」という操作（B−A'＝A）ができるようになる。

## （4） 形式的操作期：11歳～成人

形式的操作期になると，具体物や具体的な体験がなくても，頭のなかで操作を加えられる。具体的操作による結果の論理的関係について仮説をたてて「推論」を行い，その結果を事実と照らし合わせて証明するといった「仮説検証」ができるようになる。経験的な現実に依存したものではなく，形式的操作（理論上考えられる操作）による思考は，科学的な思考である。

## 2 ■ ヴィゴツキーの理論

ヴィゴツキー（Vygotsky, L.S.）は，ピアジェと同年生まれのロシアの心理学者であり，心理学，教育学，障害学，さらには演劇や美術などさまざまな分野で，並外れた才能をもつ人物であった。

ヴィゴツキーの発達の捉え方として有名な理論は，「発達の最近接領域」の理論である。彼は，他人の助けを借りて今日できることは，明日にはひとりでできるようになる可能性があるのだから，子どもの発達状態を評価するときには，成熟した機能（ひとりでできること）である「現下（今見えている）の発達水準」だけでなく，成熟しつつある機能（協同のなかで他人の助けを借りればできるようになること）である「明日の発達水準」との差（「発達の最近接領域」）を考慮する必要がある，としている。

子どもは仲間と一緒に活動するなかでは，自分ひとりだけで活動するときよりも，より多くのことをすることができる。それは，周りの子どもたちの考え方ややり方を見て学び，それを模倣することで，自分ひとりではできないこともできるようになるからである。ヴィゴツキーは，学校教育における「教授－学習」は，ほとんどが模倣に基づいて行われ，子どもはまだ自分ひとりではできないことも，「発達の最近接領域」の範囲にあるものについては教師や周りの協力や指導のもとでできるようにな

る，と考えている。

　例えば，あるテストで，発達の水準が8歳と診断されたふたりの子ども（AとB）に，解答のヒントや誘導的な質問をだして援助をしたところ，Aは，援助ありの状態で12歳の問題まで解くことができ，Bは，8歳半の問題まで解けた。この援助によって可能になる水準の差が「発達の最近接領域」であり，AとBは，それぞれに異なる「発達の最近接領域」をもっている。

　このように，子どもの環境（世界）についての概念は，認知機能の発達とともに変化，発達していくと考えられる。

## ② 子どもの概念の変化

　認知発達とともに，「素朴理論」とよばれる子どもなりの素朴な認識も形成されてくる。生物学的認識，物理学的認識については「素朴生物学」「素朴物理学」，心理学的認識については「心の理論」などとよばれている。

### 1 ■ 物理にまつわる事象とのかかわり

　現実の物の世界で「起こりうること」と「起こりえないこと」を区別することができるということは，基本的な物理法則（対象の永続性や連続性，重力など）を理解している，つまりは「素朴物理学」の理論をもっていると考えられる。

　例えば，私たちが手品を不思議に思い，どういう仕組みになっているのかがわからないことに興奮するのは，「実現不可能なこと」が起きていると考えるからである。頭と足を椅子で支えて横たわっている状態の人が，両側の椅子を外してもそのまま宙に浮かんでいるという手品は，重力から考えると起こりえないことである。また，コインの入った逆さまのコップに布をかけ，魔法の言葉をささやいて引っ張るとコインが消えるという手品は，対象の永続性から考えると不可能なことである。しかし，対象（物）の永続性の理解を獲得していなければ，コップからコインが消えることは不思議ではないため，この手品は成り立たないことになる。

　幼児期の子どもも日常生活のなかで，経験的に物理的概念を理解しており，体格を考慮してシーソー遊びでバランスをとったり，大小の積み木を上手に積んだりすることができる[3]。さらに，乳児であっても物理的概念を理解していることを示唆する研究もある[4]。この研究では図3-1のようなふたつの状況を乳児に見せる。上段の状況は台の上に物体を乗せる「起こりうる」事象で，下段の状況は下に台のないところで

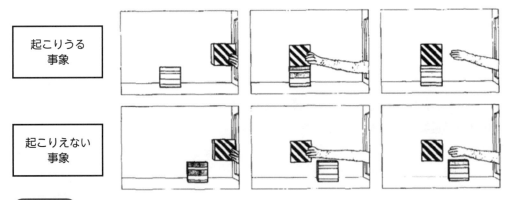

**図3-1** 支えがないと物体が落ちることの理解の実験

資料：Needham, A. & Baillargeon, R. Intuitions about support in 4.5-month-old infants. *Cognition*, 47(2), 1993, p.124

手を放しても物体がそこに浮いている（落下しない）「起こりえない」事象である。その結果，4・5か月の乳児でも，「起こりえない」事象をより長く見る（どうしてこんなことが起こるのか不思議に思って見つめ続ける）ことから，かなり早いころから「支えられないものはそこに留まることはできない（落下する）」ことを理解していることが示唆されている。

また，乳幼児の「数」は「物の数」「数えられる数」であると考えられるが，数の理解については，5か月の乳児でも簡単な計算能力があることを示す研究がある[5]。例えば，「1＋1＝1あるいは2」の条件では，最初に空のケースに，人形が一つ置かれ，いったん衝立が上がって見えなくなったところに，次の人形が衝立の後ろに置かれる。最後に衝立が下がって人形が見えるようになるのだが，結果は人形が二つ現れる場合（「起こりうる結果」）と，人形が一つしか現れない場合（「起こりえない結果」）の2種類が示された。乳児は，いずれの条件でも，「起こりえない結果」となった場合により長く人形を見つめたことから，単純な計算ができると解釈される。

## 2 ■ 生物にまつわる事象とのかかわり

ピアジェは，生き物に関する幼児期の子どもの理解はかなり未熟で，無生物を生物のように扱うこと，無生物にも生物の属性があるとする考えを「アニミズム」とよ

---

3）遠藤利彦・佐久間路子・徳田治子・野田淳子『乳幼児のこころ——子育ち・子育ての発達心理学〈有斐閣アルマ〉』有斐閣，2011
4）Needham, A. & Baillargeon, R., Intuitions about support in 4.5-month-old infants. *Cognition*, 47（2），1993, pp.121-148
5）Wynn, K., Addition and subtraction by human infants. *Nature*, 358, 1992, pp.749-750

び，幼児期の特徴とした[6]。しかし，ケアリーは，生物についての子どもの思考は確かにアニミズム的ではあるが，それは生物の概念の理解が，10歳頃までは「人間中心的」である（「生物」の概念は「人間」の概念と同じで，「人間がもっているもの」は「生物ももっている」と考えてしまう）せいであるとしている[7]。

　近年では，さらにさまざまな研究が進んでおり，より年齢の低い子どもでも生物と無生物を区別している，例えば「生物（動物・植物）は成長する」ということについては，4歳児でも気づいていることが指摘されている[8]。

　また，小川は，子どもの自然認識について，「自然事象との関わりにおいて，3歳程度までの子どもは自然発生的に，自分の興味・関心に即した活動を行い，7歳程度以降の子どもでは教師の求める活動が可能とするならば，この2つの間には新しいタイプの学習が成り立つと考えられ，この時期こそが子どもの自然認識の萌芽の時期といえる[9]」と述べ，小学校入学以前に子どもは，生き物に関する知識を豊富にもっているとしている。

　子どもは，五感を通して，物理的な事象や生き物や自然とかかわる経験によって，さまざまな知識を獲得し，さらなる経験や学習によって，それを変化・発達させていく。子どもは，感動や驚きといった感覚的経験やさまざまな知識を得るだけでなく，知識を実際の事物と関係づけ，意味づけるといった「論理的操作」を行うことで，知的な気づきをつくりあげていく[10]。

## 3 ■ 科学的概念の発達

　日常生活のなかで経験を通して形成された子どもなりの素朴理論は，必ずしも将来的に科学的理論につながるものではない。ときとして科学的な理論への転換の妨げとなることもあるが，自然発生的に経験のなかから形成された概念は，どのようにして科学的概念へと変化していくのだろうか。ここでは，ヴィゴツキーの考え方を紹介する。

　ヴィゴツキーは，対象についての概念をもっていても，自覚した思考活動を行っていない生活のなかで子どもが知らず知らずのうちに身につけていく概念を，「生活的

---

6 ）外山紀子・中島伸子『乳幼児は世界をどう理解しているか─実験で読みとく赤ちゃんと幼児の心』新曜社，2013
7 ）S. ケアリー，小島康次・小林好和訳『子どもは小さな科学者か──J. ピアジェ理論の再考』ミネルヴァ書房，1994
8 ）稲垣佳世子・波多野誼余夫著・監訳『子どもの概念発達と変化──素朴生物学をめぐって認知科学の探究』共立出版，2005
9 ）小川哲男「子どもの自然認識の萌芽の構造と構成に関する研究──『生活概念』と『科学概念』の双方向性の視点から」『学苑』第800巻，2007，pp.18-24
10）小川哲男「生活科における子どもの論理操作としての自然理解の萌芽の構造に関する研究」『学苑』第765巻，2004，pp.40-50

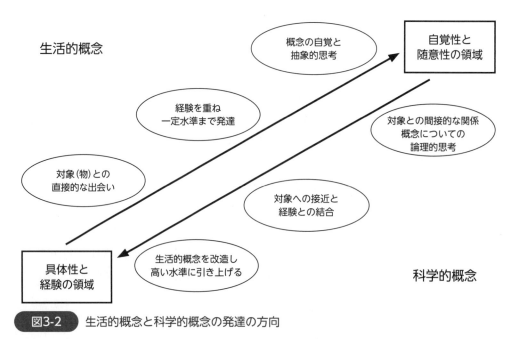

**図3-2** 生活的概念と科学的概念の発達の方向

資料：柴田義松『ヴィゴツキー入門』子どもの未来社，2006, pp.101-106をもとに筆者作成

概念」とした。生活的概念は，具体性と経験の領域から発達し，科学的概念は，自分自身の思考を自覚して自分でコントロールできるという自覚性と随意性の領域から発達していくとしている（図3-2）。生活的概念が科学的概念へと変わるには，生活のなかで蓄積される五感を使った経験を，教育によって科学的概念へと橋渡しする作業が必要になると考えている。

　例えば，「僕とお兄ちゃんはきょうだいだ」というとき，子どもは，「きょうだい」という言葉で表されるものについて具体的によく知っている。しかし，「きょうだい」という概念をもっていても，その概念そのものがどのようなものかを自覚できていないと，「きょうだいって何？」と質問されたとき，「僕とお兄ちゃんのことだよ」と答えてしまう。この段階の「きょうだい」は，「生活的概念」であると考えられるが，学校で，家族関係や血縁関係といった「科学的概念」を学ぶことによって，「生活的概念」が改造され高い水準に引き上げられる。すると「同じ父や母から生まれた子どもがきょうだいです」といった「科学的」な回答ができるようになる。

　つまり，教育によって得られる科学的概念が，生活的概念の発達を促進すると考えられる。ただし，生活のなかで経験的な理解がある程度蓄積されていないと，「科学的概念」だけを詰め込んでも，実際の経験とあわせて理解することができないため，うまく発達を促進することはできないだろう。算数や理科の授業で，先生が何を言っているのかわからないというときは，「生活的概念」の水準を超えた「科学的概念」を教えられているのかもしれない。

# 3 感情表現の発達

　最後に、感情にかかわる発達についてもふれておきたい。周りの環境（世界）とのかかわり、特に人とのかかわりにおいては、感情の理解・発達も重要である。感情の理解は、2・3歳頃までに発達が進み、うれしい、悲しい、怒っているといった感情語も扱えるようになる。また、感情が生じる理由についての理解も進み、4・5歳になれば、相手の表情（「顔が怒っているから、怒っている」）だけでなく、状況についての手がかり（「誕生日にケーキを買ってもらったから、よろこんでいる」）からもかなり感情を推測できるようになる。児童期には、複数の感情が混じった複雑な状態の理解（「誕生日にケーキをもらったけれど、本当はチョコレートケーキがほしかったのに、チーズケーキだったから悲しんでいる」）へと進むと考えられる[11]。

　さらに、2・3歳頃で、自他の意図や欲求にかかわる「したい」「ほしい」などの言葉を語るようになり、4歳頃までには「知っている」「思う」といった知識や信念についても語るようになる。

　「知っている」「思う」という感情語が使用できるようになるころには、「心の理論」の理解も進む。「心の理論」の発達については、「誤信念課題」とよばれる課題によって調べることができる。

　例えば、「アンは人形をリビングの机の上のかごのなかにしまって、外に遊びに行きました。アンがいない間に、トムがやってきてかごのなかに人形が入っているのを見つけました。トムは人形を机の上の別の箱のなかにいれて、リビングを出ていきました。アンがもう一度人形で遊ぼうと思ってリビングに戻ってきました。アンは、人形を見つけるために、どこを探しますか？」といった課題である。

　この質問に「アンは、かごのなかに入っていると思っているから（誤信念）、かごを探す」と答えられるようになると、「心の理論」を獲得できたと考えるのだが、正解するためには、欲求や感情を理解し、さらに信念の理解が発達する必要があるため、3・4歳児はなかなか正答できず、4歳を過ぎると正答率が上がり、6歳までには多くの子どもがクリアできるようになる。

　「心の理論」の獲得と、感情語の使用によって、自分や周りの他者の感情やその理由について表現できるようになると、物理や生物にかかわる事象などとの出会いのなかで、子ども自身の内部に発生した驚きや感動、論理的思考や道徳的判断などについての豊かな表現も可能になっていく。

---

11）笹屋里絵「表情および状況手掛りからの他者感情推測」『教育心理学研究』第45巻，1997，pp.312-319

# 第4章 遊びの環境と「遊びの達人」としての保育者の専門性

**本章で学ぶこと**

保育者は遊びの達人であってほしい。そのような保育者のそばには、きっと笑顔の子どもがいるだろう。遊びの達人とは、どんなものやことも楽しみに変換できる知識と技術をもった感性豊かな人である。そして、遊びの達人としての保育者は、子どもの幸せのため、という一点を忘れない人である。子どもの思いに応える遊びを展開しようと日々奮闘する保育者がいれば、子どもたちの生活は発見と喜びに満ちた、充実した日々となるだろう。本章では、遊びの環境をつくる際のポイント、「遊びの達人」になるために必要な保育者の専門性についてのポイントを学んでいく。

## 1 保育者こそ最大の保育環境

### 1 ■ 「人間・保育者」として子どもの人権を守る達人

　保育者の専門性を考える際に、その大前提となる、保育者としての大事な視点をおさえておきたい。こども基本法では、子どもが生まれながらに持っている権利を大切にし、社会全体で子どもを支えていくことが改めて確認された。6つの理念のなかには、「すべてのこどもは、大事に育てられ、生活が守られ、愛され、保護される権利が守られ、平等に教育が受けられること」[1]とある。教育のための社会構築のために、乳幼児期の子どもの声を代弁し、子どもの幸福を創り出していくことができるのが保育者である。

　また、第2章でもふれているが、さまざまな業種や仕事がAI（人工知能）で可能になるといわれる昨今でも、保育という仕事は保育者でなければ難しいという。子どもの内面をとらえた適切な援助や個に応じたかかわり、緊急時の対応、信頼関係を踏まえた保護者対応、子どもたちと一緒に遊びや学びを創り出し、その場で柔軟に対応すること、新しい遊びや学びを即座に考え出すことは、「人間・保育者」だからこそできることであり、保育環境の根本が「人間・保育者」なのである。

---

1) こども基本法（令和4年法律第77号）の基本理念（第3条第2号）

## 2 ■ 子どもを理解する達人

さて，遊び環境における保育者の専門性について具体的に考えてみよう。保育者の役割として，子どもの理解者，共同作業者，モデル，援助者，そして何よりも子どもの心のより所であること[2]，があげられる。右の写真は，色水遊びをしていた3歳児が，自分でつくった色水を保育者に見せている場面である。見たこともない色に出会った子どもの感動に，保育者が共感し微笑んでいる。この後，この子どもは，嬉々として，さまざまな保育者に色水を見せにいった。保育者の言葉や態度は，子どもの気づきや行動に大きな影響を与える。

写真4-1 ●「こんな色水できた！」

実は，この感動が生まれたのは，写真4-2の遊びの環境があったからである。保育者は3色（赤・青・黄）の色水のみを準備し，それぞれがスポイトで思い思いに製氷トレイでの色水づくりができるようにした。量や色の混ぜ方で同じ色が一つとして生まれない。

写真4-2 ● 3色でつくる色水遊び

教材を精選し，友だちとじっくり取り組める時間と空間を保障する環境づくりから得られた経験であり，子どもの遊びの経緯や心情の変化をとらえていることが，より深い子ども理解につながっている。

## 3 ■ 保育教材の特性を活かす達人

写真4-3の保育者に注目してみよう。ジョウロの水入れ口に息を吹き込み，それを5歳児が興味深げに見ている。保育者の遊び心や探求する感性が光る。本来，重力で水を出す道具だが，この保育者は，空気圧でも水が出ることを実際にやって見せている。この様子を見た子どもは，同じ物でもさまざまな遊び方ができることや科学的な物の見方に気づいたかもしれない。写真4-4は，テラスでバーベキューごっこをして

---

2）文部科学省「幼稚園教育要領解説」2018, pp.109-110

いる4,5歳児のそばでスマートフォン対応のスピーカーから「ジュージュー」音が流れている様子である。「その気」になれる工夫である。

　このように、保育者が物や空間の特性を理解し、保育者自身の感性を通して子どもの興味・関心を高めることが、その子自身の感性を育むことになる。保育者と直接触れ合うリアリティがある保育のなかで、子どもに対する保育者の思いを肌で感じ取り、信頼関係が深まっていくことで、遊ぶ喜び＝生きる歓びを感じ取ることができる。遊びのなかで保育者の生きる力を発揮することは、子どもの生きる力の基礎を育成する、ともいえるだろう。保育者は、「自分も園児にとって環境の非常に重要な一部となっていることを認識して、環境の構成を考える必要がある」[3]。

写真4-3 ●ジョウロに息を吹き込む

写真4-4 ●スマートフォン対応スピーカーを使って

---

3）内閣府・文部科学省・厚生労働省「幼保連携型認定こども園教育・保育要領解説」2018, p.40

# 「遊びの環境」の重要性

## 1 ■ 「遊び」の大切さを理解している達人

　本章は，遊びの環境における保育者の姿から論を始めたが，そもそもなぜ，「遊び」が大切で，「遊びの環境」について考えることが必要なのだろうか。次の二点から整理する。

### （1）「遊び」は今しかできない大切な学習

　遊びの本質は，人が周囲の事物や他の人たちと思うがままに多様な仕方で応答し合うことに夢中になり，時の経つのも忘れ，そのかかわり合いそのものを楽しむことにある[4]。遊びこそ，乳幼児期の子どもに必要な栄養である。何かの目的のために遊びを手段としているのではなく，遊ぶことそのものを楽しみたいのである。乳幼児期の日々の生活はそのほとんどが遊びで彩られており，その子にとって「楽しい！」と思

写真4-5 ● せせらぎでの会話

えることが，心揺るがせる体験となり，遊ぶ喜び＝生きる歓びを味わうことにつながる。

### （2）「遊び」は子どもが丸ごと育つ活動

　保育現場は，遊びを通して子どもを育む電源地である。遊びにはさまざまなものがあるが，子どもが本気でやりたいことに取り組むとき，頭も心も体もフル回転する。だからこそ，達成感，充実感，満足感，挫折感，葛藤などを味わい，精神的にも成長する[5]。また，図4-1のように，「知識および技能の基礎」「思考力，判断力，表現力等の基礎」「学びに向かう力，人間性等」の資質・能力が育まれていくのである。また，そうなるように環境を整えていく必要がある。なお，遊びを通して一つひとつの能力が個別に発達するのではなく，相互に関連し，総合的に発達する。夢中になれる遊びによって，子どもは丸ごと育っていく。

---

4）前掲3），p.32
5）前掲3），p.33

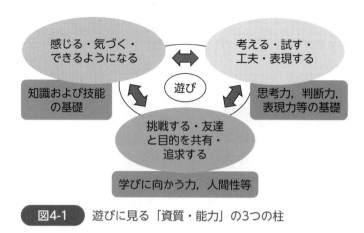

図4-1　遊びに見る「資質・能力」の3つの柱

資料：3要領・指針をもとに筆者作成

## 2 ■ 適切な遊びの環境づくりができる達人

　保育所保育指針解説では，保育者の6つの専門性の中で，保育の環境を構成する知識・技術，遊びを豊かに展開する知識・技術があげられている[6]。

　ここでは，その専門性を具体的に示していく。

### （1）環境の特性をつかむ

　図4-2は，教育・保育の環境を表したものだが[7]，これらの環境をどのように構成するかで保育の質が決まってくる。

　遊びの環境をつくるときには，まず，保育のねらいが大事である。どのような育ちを願って環境をつくるのか。ねらいが達成されるような最高の作戦を考え，最高の行動を起こすことが必要である。そのために保育者は，物や空間，自然の特性についても，その潜在的な教育的価値について常日頃から教材研究を重ねることが大切である。

　例えば，「友だちと一緒に泥団子をつくる楽しさを味わう」というねらいであれば，丸めやすい素材の土を選び，友だちと試行錯誤できるようなスペースを用意するだろう。ときには，保育者自身がモデルとなって物とのかかわり方を示すかもしれない。土の特性，場の特性，子どもの特性をつかんでおくことで，ねらいや子どもの思いにつながる適切な遊びの環境づくりが可能となる。また，「すべての道具は，何か特定のことをアフォードする[8]ようにつくられている」[9]ため，道具を使う遊びであれ

---

6）厚生労働省「保育所保育指針解説」2018，p.17
7）文部科学省「幼稚園教育要領解説」2018，p.239

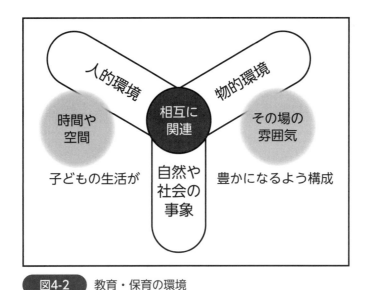

図4-2 教育・保育の環境

資料：3要領・指針をもとに筆者作成

ば，その子の思いに沿った，活動に一番適した道具を選べるよう，保育者自身が日頃から道具と素材などとの相性をさまざま確かめておくことも必要である。そうすることで，遊びにいつも使っている物や場でなくても，同じ特性をもつ物や場を使用してやりたい遊びをすることも可能となる。

### （2）環境を通して育つように

　子どもが興味をもったもの・ことに自らかかわっていくことで，かかわった対象や対象とのかかわり方に気づいていく。また，対象とかかわる過程でさまざまなことを学ぶ。「なんだろう」「どうしてだろう」「やってみたい！」という思いがさらに環境とのかかわりを生み，環境との深いかかわりを可能にしていく。そのため，保育者は子どもの今の育ちをとらえ，次にどのような体験が必要かを考えて保育のねらいを立て，何を準備し，そこにどのように置くのか，どこで誰と行うのかなど，ねらいや子どもの思いに沿った適切な状況をつくることが大切である。このような環境を通して，子どもは育っていく。

---

8）ギブソン（Gibson, J.）は，環境が動物に提供する（offers）ものをアフォーダンスという造語で表した＊が，アフォードする(afford)とは，この意を受けて「提供する」「用意したり備えたりする」ものとされる。また，ギブソンのいう「環境」は，動物の周囲の世界を指している。
　＊ギブソン（Gibson, J.）・古崎敬・古崎愛子・辻敬一郎・村瀬旻共訳『生態学的視覚論──ヒトの知覚世界を探る』サイエンス社，1985，p.7
9）佐々木正人『アフォーダンス──新しい認知の理論』岩波書店，2004，p.63

### （3）発達に必要な体験を計画的に

いつ，どのような体験が必要なのか，いわゆる教育・保育課程や年間計画は園ごとに整備され，適宜見直しがある。しかし，去年の4歳児と今年の4歳児が違うように，子どもは変化する対象であり，その都度子ども理解に努め，育ちや経験の流れ，発達の道筋に沿って保育を計画し，遊びと，遊びの環境を考える必要がある。

写真4-6 ● 花が咲くころの遊び

また，偶然起きたことばかりで遊びを進めていては，卒園・就学以降までを見通した望ましい保育とはならない。計画的な環境だからこそ，子どもの育ちが促されるのである。写真4-7のアイスクリーム屋さんは，年度当初の進級時の子どもの様子をとらえながら，数か月かけて保育者間で計画したものである。5歳児には自立心や思いやりが，3歳児には憧れや意欲が芽生えた。このように，時期や場所，遊びの内容，物の数，かかわる学年など，計画的に環境を構成し，子どもが主体性を十分発揮してかかわることができるような保育を展開することで，子どもにとっては自由感のある遊びとなり，望ましい発達を促すことにつながる。

写真4-7 ● 異年齢のアイスクリーム屋さん遊び

### （4）子どもとともに遊びの環境を創造

保育者は，子どもが遊びの環境とどのようにかかわっているのか，また，環境をどのようにとらえているのかに気づき，その

写真4-8 ● 子どもと一緒に遊びの環境づくり

活動が豊かに展開されるよう，子どもとともによりよい遊びの環境を創造するように努めることが大切である。また，子どもの遊びは変化することが多いため，活動に沿って環境を構成し直し，子どもの様子から次の見通しをもって，遊びの環境を再構成し続けていくことが必要である。

なお，子どもの遊び環境が園庭や園舎内で広範囲で展開される場合は，遊びの内容

や子どもの様子に応じた保育者間での協力体制も必要となる。

## 3 非常時の遊びの環境と保育者の存在

保育者は希望の灯台である。

東日本大震災の避難時に，「4畳程のスペースを段ボールで囲み，キッズコーナーをつくった。キッズコーナーには，休所していた保育所から折り紙や本等を借りてきて置いたり，業者が無料で新聞を配布してくれていたので，それを遊びに活用したりした（宮城県）」との報告があった[10]。避難生活が長引くときにも，心身ともに心細い思いをしている子どもに対して，安全確保を最優先としつつ，保育者にできることがある。子どもは本来遊びが大好きである。遊具がない状況下であっても，すべてが遊びの道具となることを知っている保育者は，きっとさまざまな遊びを生み出し，子どもの笑顔を想像しながら，一歩踏み出すことができるだろう。例えば，段ボールが一つしかない場であっても，「段ボールがあれば！」と動き出せるのが保育者である。

このような状況下でその場に居合わせた場合，子どもの安全，情緒の安定を確保するためにも，保育者には遊びの達人であってほしいと願う。幹が細い木であっても，強い支柱で支えれば，大風が吹いても倒れない。

戦時下，ナチスの収容所で子どもに最後まで生きる希望を与え続けた女性教師フリードル（Friedl, D. B.）の行動も，まさにこのことと通底する。保育者を目指す方々にここで紹介しておきたい。

モンテッソーリ幼稚園で美術教育にも携わっていたフリードルは，テレジン収容所

写真4-9 ● 電車

写真4-10 ● トンネル

写真4-11 ● キャタピラー

10) 全国保育協議会「東日本大震災被災保育所の対応に学ぶ―子どもたちを災害から守るための対応事例集」2013, p.10

では「明日はきっといい日が来る」と子どもたちに絵を描くことを通して，生きる気力をもたせた。その日が来るまで，兵士の目を盗んでゴミ箱に捨てられている紙切れを拾い，絵の教室を続けた。

　まさに，「保育者は希望の灯台」といえる。保育者は，子どもの命と心を守るために，社会で起こっていることにも広く目を向け，すべての子どもが幸せに暮らせるよう，保育者としての保育の専門性を日々発揮し，目の前の子どもたちが遊びを通して生きる喜びや人への愛情を育んでいけるように努めていくことが肝要であろう。保育者自身が生き生きと感性を輝かせることで，子どもの眼前に明かりが灯るのである。

# 第5章　幼児教育と小学校教育の「学びのつながり」

**本章で学ぶこと**

子どもの発達や学びの連続性を保障するため，幼児期の教育と児童期の教育が円滑に接続し，体系的な教育が組織的に行われることは極めて重要である。特に，教育内容や指導方法などの発達の段階に配慮した違いを，どのように関係づけてとらえるのかなどについて工夫することが求められる。本章では，子どもが幼児教育施設における遊びを通した学びや成長を基礎として，小学校において主体的に自己を発揮しながら学びに向かうことを可能にするための接続の在り方について学ぶ。

## 幼児教育から小学校教育を見通す

### 1 ■ 幼保小接続の重要性

　平成18年に公布された新しい教育基本法では，幼児期の教育は，「生涯にわたる人格形成の基礎を培う重要なもの」とされた。平成19年には学校教育法が改正され，学校教育のはじまりとして，小学校以降の教育での発達や学びの連続性が明確になるよう，幼稚園が各学校種のなかで最初に規定されるとともに，「義務教育及びその後の教育の基礎を培う」ものとして，目的および目標が明確化された。

　これを受け，平成20年3月に改訂・改定された幼稚園教育要領と保育所保育指針，小学校学習指導要領では，幼児期の教育と小学校教育の接続に関して相互に留意する旨が定められ，小学校学習指導要領では，生活科を中心とした合科的・関連的な指導を行うなどの工夫をすることが定められた。さらに，平成29年に改訂・改定された幼稚園教育要領・保育所保育指針・幼保連携型認定こども園教育・保育要領（以下「3要領・指針」という）では，いっそうの幼児期の教育と小学校教育との円滑な接続の重要性が示された。

○幼稚園教育要領（平成29年告示）第1章第3節5小学校教育との接続に当たっての留意事項

「小学校以降の生活や学習の基盤の育成につながることに配慮し，幼児期にふさわしい生活を通して，創造的な思考や主体的な生活態度などの基礎を

培うようにする」「育まれた資質・能力を踏まえ，小学校教育が円滑に行われるよう，小学校の教師との意見交換や合同の研究の機会などを設け，『幼児期の終わりまでに育ってほしい姿』を共有するなど連携」を図り，「小学校教育との円滑な接続を図るよう努める」

○小学校学習指導要領（平成29年告示）第1章第2節4(1)幼児期の教育との接続及び低学年における教育全体の充実

小学校学習指導要領では，「幼児期の終わりまでに育ってほしい姿を踏まえた指導を工夫することにより，幼稚園教育要領等に基づく幼児期の教育を通して育まれた資質・能力を踏まえて教育活動を実施し，児童が主体的に自己を発揮しながら学びに向かうことが可能となるようにすること」「小学校入学当初においては，幼児期において自発的な活動としての遊びを通して育まれてきたことが，各教科等における学習に円滑に接続されるよう，生活科を中心に，合科的・関連的な指導や弾力的な時間割の設定など，指導の工夫や指導計画の作成を行うこと」

## 2 ■ 幼保小接続上の課題

文部科学省は，幼児教育の質的向上および小学校教育との円滑な接続について専門的な調査審議を行うことを目的に，令和3年7月8日に中央教育審議会初等中等教育分科会に「幼児教育と小学校教育の架け橋特別委員会」（以下「特別委員会」という）を設置した。令和5年2月27日には「学びや生活の基盤をつくる幼児教育と小学校教育の接続について～幼保小の協働による架け橋期の教育の充実～」が報告された。報告書では，幼保小の接続上における課題として，

○各幼児教育施設・小学校において連携の必要性について意識の差がある。特に，私立幼稚園・保育所・認定こども園や私立小学校と連携することが難しい。

○半数以上の市町村において，行事の交流等の取組にとどまり，資質・能力をつなぐカリキュラムの編成・実施が行われていない。小学校の取組が，指導方法の改善に踏み込まず，学校探検等にとどまるケースが多い。

○「幼児期の終わりまでに育ってほしい姿」だけでは，具体的なカリキュラムの工夫や指導方法の改善の仕方が分からない。また，「幼児期の終わりまでに育ってほしい姿」が到達目標と誤解され，連携の手掛かりとして十分機能していない。

○幼児教育施設の教育は多様であるため，施設類型の違いを越えた共通性が見えにくく，スタートカリキュラムとアプローチカリキュラムがバラバラに策定され，幼保小の理念が共通していない。

○地方自治体において，幼保小に対し幼保小接続について指導・助言できる人材が少ない。全国の教育委員会において，幼保小接続や生活科を担当する指導主事を配置する例は少なく，小学校の先生に対する研修も十分に行われていない。

などが指摘されている。これらの課題の背景には，子どもの発達段階に起因する，教育課程や教育方法や内容などさまざまな違いが存在していることがあげられる。例えば，幼児期の教育には，各教科，道徳，特別活動等といった区別がないこと，幼児教育の目標が，「〜を味わう」，「〜を感じる」などその後の教育の方向付けを重視していることに対し，児童期の教育は，「〜ができるようにする」といった具体的な目標への到達を重視するなど，手法や方法の違いについて相互理解が十分できていないなどの背景があげられる。

## 3 ■ 幼保小架け橋プログラム

### （1）目的

　特別委員会の議論を踏まえ，文部科学省では義務教育開始前後の5歳児から小学校1年生の2年間は，生涯にわたる学びや生活の基盤をつくるために重要な時期であることから，この時期を「架け橋期」として，一人ひとりの多様性を配慮したうえで，すべての子どもに学びや生活の基盤を育むことを目的として，令和5年3月に「幼保小の架け橋プログラム実施に向けての手引き（初版）」（以下「手引き初版」という）が文部科学省より示された。手引き初版では，0歳から18歳の学びの連続性に配慮しつつ，幼児期から児童期の発達を見通し，5歳児のカリキュラムと小学校1年生のカリキュラムを一体的にとらえ，地域の幼児教育と小学校教育の関係者が連携してカリキュラム，教育方法の充実，改善を行うことや「幼児期の終わりまでに育ってほしい姿」の正しい理解を促し，教育方法の改善に活かしていくために，「基盤づくり」「検討・開発」「実施・検証」「改善・発展サイクルの定着」という4つのフェーズが示されている。また，同時に手引き初版と一緒に参考資料初版も作成され，幼保小の先生が，「幼児期の終わりまでに育ってほしい姿」の共通理解のもとに，子どもの姿を中心に据えて話し合うことができる資料となっている。

### （2）架け橋期のカリキュラムの開発の視点

　架け橋期のカリキュラムの開発にあたっては，5歳児は0歳からの豊かな体験の積み重ねに支えられ，それが小学校1年生以降の学びや生活へと発展していくという視点が大切である。特に，小学校1年生は，自分の好きなことや得意なことが分かってくる時期であり，小学校6年間の学びや生活の基盤をつくる重要な時期ともいえる。検討にあたっては，日々の保育や教育の場で頑張っていることや困っていることなど

肌で感じている実感と，アンケートや研修の参加状況などの客観的なエビデンスから見えてくるものにより総合的に検討していくことが大切である。手引き初版では，架け橋期のカリキュラム作成にあたっての6つの視点が示されている。

❶ 架け橋期を通してどのような子どもを育てたいか

　子どもの発達の特性，3要領・指針や学習指導要領で育みたい（目指す）子どもの姿，幼児期の終わりまでに育ってほしい姿，各自治体の方針や地域の特性，園・小学校の教育目標や特色，子どもの実態，保護者や地域の願い等を踏まえて設定し，関係者で共有する。

❷ 期待する子ども像の育成に向けて，子どもの姿や発達を踏まえ，遊びや学びのプロセスをどのように深めていくのか

　園における遊びを通して幼児がどのような学び（体験）を得，深めているのか，小学校での各教科等における授業はどのように展開し児童の学びを深めているのかについて相互理解し，互いのよさを学びつつ，期待する子ども像の育成に向けて，子どもの姿や発達を踏まえ，遊びや学びのプロセスを深め，学びの連続性を確保する。

❸ 期待する子ども像の育成に向けて，園の活動と小学校の各教科等の教育内容や活動をどのようにつなげていくか

　幼児期の資質・能力の育ちを踏まえ，生活科を中心に合科的・関連的な指導を進め，各教科等において「幼児期の終わりまでに育ってほしい姿」との関連を考慮し，主体的・対話的で深い学びの実現を図っていく。

❹ 遊びや学びのプロセスを深めるため，保育者の関わり，環境の構成や環境づくりとしてどのような工夫があるか

　保育者と子どもの相互作用，子ども同士の相互作用など共通していることを踏まえ，各施設段階での保育者の関わりや役割についてとらえるとともに，環境構成・環境づくりについては，子どもにとっての教育的価値の視点からその共通性の理解を深める。

❺ 交流を通した学びを深めるため，各園・小学校の年間の活動に，子ども同士の交流などをどのように位置づけるのか

　年間計画に子ども同士の交流を位置づけ，交流する対象の年齢・学年，交流時期，交流のねらいなどを共通理解する。

❻ 期待する子ども像について家庭や地域と共有し，どのように家庭と連携・協働していくのか

　子どもは信頼するおとなの影響を受けることから，架け橋期の教育について家庭と共有し，協働していく架け橋期のカリキュラムを作成する。

## （3）共通の視点をもつ

　育みたい資質・能力については，幼児期では幼児が生活する姿のなかから見出し，伸ばすものであるのに対して，小学校以降では，各教科等の指導を通じて育成を目指すものとして活用されている。こうした違いに関する認識を共有しつつ，幼児期のどのような体験が，生涯にわたる生活の基盤，学びの基盤，言語能力，情報活用能力，問題発見・解決能力を含む基盤，持続可能な社会のつくり手として必要な力の育成などにつながっていくのかのイメージを共有することが大切である。

**❶ 子どもの姿や発達に応じた共通の視点をもつ**
- ・子どもの姿や発達を踏まえ，遊びや学びのプロセスをどのように深めていくのか
- ・園で展開される活動や小学校の生活科を中心とした各教科等の単元の構成等をどのようにしていくのか
- ・先生の関わり，環境構成や環境づくりとしてどのような工夫があるか

**❷ 遊びや学びのプロセスを理解する**
- ・遊びのなかでの気づきが自覚的な学びへ，そして将来の探究へとつながっていくのか
- ・園における遊びを通して，幼児がどのような学び（体験）を得，深めているのか
- ・小学校での各教科等における授業はどのように展開し児童の学びを深めているのか

　これらのことを通して，保育者は小学校での学習や生活を見通すことが大切である。これは，小学校教育の前倒しではなく，将来の学びにつながる幼児の体験，この体験を幼児期にふさわしい形で実現させていくことにつながっていく。

## （4）「幼児期の終わりまでに育ってほしい姿」を通してカリキュラムをつくる

　平成29年に告示された教育要領及び指針では，「幼児期の終わりまでに育ってほしい姿」（「健康な心と体」「自立心」「協同性」「道徳性・規範意識の芽生え」「社会生活との関わり」「思考力の芽生え」「自然との関わり・生命尊重」「数量や図形，標識や文字などへの関心・感覚」「言葉による伝え合い」「豊かな感性と表現」）が示された。これは，各園で，幼児期にふさわしい遊びや生活を積み重ねることにより，幼稚園教育において育みたい資質・能力が育まれている幼児の具体的な姿であり，特に5歳児後半に見られるようになる姿である。この「幼児期の終わりまでに育ってほしい姿」を手掛かりに，小学校の先生と子どもの姿を共有し，カリキュラムに活かすことが大切である。以下にその参考例を示す（図5-1）。

**❶「幼児期の終わりまでに育ってほしい姿」を手掛かりに子どもの姿を共有する**

　保育参観や事例，要録等から，「幼児期の終わりまでに育ってほしい姿」を手掛かりとして意見交換を行うことが大切である。その際，単に感想を述べるのではなく，

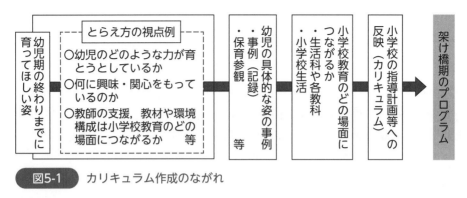

図5-1　カリキュラム作成のながれ

筆者作成

　小学校のカリキュラムにつなげていくために、例えば、①幼児のどのような力が育とうとしているか、②何に興味・関心をもっているのか、③教師の支援、教材や環境構成は小学校教育のどの場面につながるかなどの視点から意見交換を行い、各教科の単元へ結び付けていくことが大切である。

❷ **教科など小学校における学びのどの場面につながるか考える**

　園と小学校の先生が、保育参観や5歳児担任の記録をもとに、幼児の育ちや小学校教育の学びへのつながり、先生の関わりについて協議を行った事例をもとに考えてみよう。

> 　水路のある部分で、S児、R児、T児が土を深く掘り水をため、「温泉にしよう」と言っている。S児が「どれくらい深くなったかな」と言いながら素足で入っていく。他の幼児も手を止め入っていき、「キャー！」と叫びながら、笑顔で手を取り合って喜んでいる。R児が「ここ、めっちゃ深い」と言うと、T児が「どこどこ？」と近づき深さを確かめる。その後、R児は水から出て足のぬれている境目の部分を指差し、「ここ（ひざ）くらいまで！」と驚いていた。
> 　一方、M児が水の深いところ（温泉）浅いところ（川）を行ったり来たりしている。M児が「こっちは冷たい」と言ったので先生も川に入り、「本当だ！」と驚いて伝えた。その声を聞いた周りの幼児たちが関心を持ち始め、同じように行き来して確かめ、水温の差に驚いている。先生が「何でだろうね」とつぶやくが、幼児たちはあちこちを歩き回り、「ここがめっちゃあったかい」などと知らせあっている。
> 資料：「幼保小の架け橋プログラムの実施に向けての手引き参考資料（初版）」
> 　　　　　　　　　　　　　　　　　　　　　　　　　　　　　文部科学省

小学校の先生との協議によりとらえたこととして，以下のような意見が出された。
- 友だちと深い温泉をつくろうという共通の目的を見出し，工夫したり協力したりする姿を通して，「協同性」の「共通の目的の実現に向けて，考えたり，工夫したり，協力したり」する姿が見られた。
- 互いに気づいたことを伝え合い刺激し合う姿を通して，「言葉による伝え合い」の「経験したことや考えたことなどを言葉で伝えたり，相手の話を注意して聞いたり」する姿が見られた。
- 自分なりに水溜りの深さを確かめるための方法を考えてやってみる姿を通して，「思考力の芽生え」の「物の性質や仕組みなどを感じ取ったり，気づいたりし，考えたり，予想したり，工夫したり」する姿，「数量や図形，標識や文字などへの関心・感覚」の「遊びや生活の中で，自らの必要感に基づき，数量や図形」への「興味や関心，感覚をもつようになる」姿が見られた。

これらのことが小学校の生活科を中心とした各教科の単元にどのようにつながっていくか，または，つなげていくかを考えて，架け橋期のカリキュラムを作成していくことが大切である。これらのカリキュラムは常に評価を行い，持続的・発展的な架け橋期のカリキュラムを実現していかなければならない。そのためにも，保育者は幼児が体験を通してどのような学びを深めているのか，小学校の授業では児童の学びを深めるためにどのように行われているかを理解し，将来の学びにつながる幼児の体験や学びを幼児期にふさわしい形で実現していくことが大切である。

## ② 生活科からみた幼児期における「環境とかかわる体験」

「先生，見て見て」。子どもの声が教室に響く。生活科は教師と子どもがともに活動する，いわば子どもとともに学習する教科である。ここでは生活科の学びの特徴を理解した上で，幼児期の学びが生活科の学びにどのようにつながっていくのかについて考えていく。

### 1 ■ 体験を通して学ぶという生活科の意義

#### （1）生活科の目標から

小学校学習指導要領生活科編[1]では，生活科の教科目標が以下のように示されている。

---

1) 文部科学省「【生活編】学習指導要領（平成29年告示）解説」2017, p.8

> 　具体的な活動や体験を通して，身近な生活に関わる見方・考え方を生かし，自立し生活を豊かにしていくための資質・能力を次のとおり育成することを目指す。
>
> ⑴　活動や体験の過程において，自分自身，身近な人々，社会及び自然の特徴やよさ，それらの関わり等に気付くとともに，生活上必要な習慣や技能を身に付けるようにする。
>
> ⑵　身近な人々，社会及び自然を自分との関わりで捉え，自分自身や自分の生活について考え，表現することができるようにする。
>
> ⑶　身近な人々，社会及び自然に自ら働きかけ，意欲や自信をもって学んだり生活を豊かにしたりしようとする態度を養う。

　目標の冒頭に，「具体的な活動や体験を通して」と書かれていることからもわかるように，生活科の学習では，体験を通して学ぶということが目指す児童の姿として示されている。しかし，ただやみくもに体験すればよいというものではなく，児童が具体的な活動や体験から，気づいたり考えたりしながら自分自身を成長させていくことができるような活動や体験でなければならない。目標の後段には，現行の学習指導要領の基本方針である「生きる力」の具現化として目指す資質・能力が「知識・技能」「思考力・判断力・表現力等」「学びに向かう力・人間性等」の3つの柱に整理されたことを受け，生活科を通して育成することを目指す内容が，それぞれの柱に合わせて3つの項目に整理されている。ただし，生活科の場合，(1)と(2)の項目については，「知識・技能の基礎」「思考力・判断力・表現力の基礎」と表記されており，これは幼児期から学童期への架け橋を担う生活科の役割を示しているといえる。

## （2）小学校低学年の発達段階に応じた体験とは

　小学校低学年の児童は，幼児期の特徴も残していることから具体的な活動や体験から学ぶことが有効である。とことん遊び込むことや，長期間にわたって観察し続けるなど密度の濃い活動や体験から，表現したい，伝えたいという意欲が子どもの心に湧き上がってくるのである。

　その一方で，幼児期とは異なる面も見られる。例えば，記憶力の発達から，実際に体験したことを少し時間が経っても覚えていることができるため，ある程度まとまった期間を要する生活科の単元の終盤でも，活動全体を通した振り返りができるようになる。さらに，事象を関連づけて考える力も発達してくることから，多種多様な気づきが相互に結びつくことで新しい気づきが生まれ，学びを深めていくこともできるようになる。

## （3）生活科で扱う教育内容から

　生活科の教育内容は，9項目の内容で構成されている（図5-2）。それぞれの内容のまとまりごとに3つの階層に整理されている[2]。それぞれの内容で「体験」はどのように位置づけられているのだろうか。

　例えば，「(5)季節の変化と生活」の内容に書かれている文章を見てみよう。

> (5)　身近な自然を観察したり，季節や地域の行事に関わったりするなどの<u>活動を通して</u>，それらの違いや特徴を<u>見付けることができ</u>，自然の様子や四季の変化，季節によって生活の様子が変わることに<u>気付くとともに</u>，それらを取り入れ自分の生活を楽しく<u>しようとする</u>。
> 
> （下線は筆者作成）

　体験や活動を通して，考えたり表現したりする力を身につけ（思考力・判断力・表現力の基礎），気づいたことやわかったことをもとに（知識・理解の基礎），自分をよりよくしようとする（学びに向かう力・人間性等）という文章構成となっていることがわかる。

　このような文章構成は，9つすべての項目に共通している。つまり，低学年の児童は，直接体験することや実際に活動することによって思考力・判断力・表現力の育成

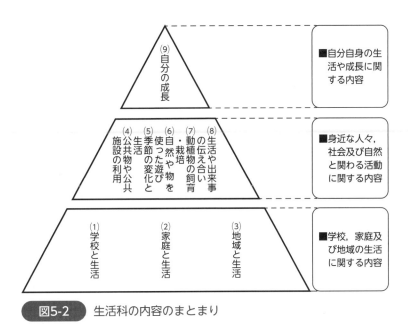

図5-2　生活科の内容のまとまり

資料：文部科学省「【生活編】小学校学習指導要領（平成29年告示）解説」2017, p.26

---

2）文部科学省「【生活編】学習指導要領（平成29年告示）解説」2017, p.26

や対象への気づきが促されるため，各教育内容のなかでの体験の重要性を示しているのである。

### ❶ 「体験を通して」の体験とは何か

生活科の学習のなかで見られる主な活動や体験は以下のとおりである。

> (1) 学校生活にかかわる活動：学校の施設の様子や学校生活を支えている人々について考えよう
>
> (2) 家庭生活にかかわる活動：家族のことや自分でできることを考えよう
>
> (3) 地域にかかわる活動：地域の場所やそこで生活したり働いたりしている人々について考えよう
>
> (4) 公共物や公共施設を利用する活動：みんなのものやみんなで使う施設について考えよう
>
> (5) 身近な自然を観察したり，季節や地域の行事に関わったりするなどの活動：自然と直接ふれ合ってみよう　季節や地域の行事に参加してみよう
>
> (6) 身近な自然を利用したり，身近にある物を使ったりするなどして遊ぶ活動：身近な自然を使って遊ぼう　動くおもちゃをつくってみよう
>
> (7) 動物を飼ったり植物を育てたりする活動：生き物を飼ってみよう　植物を育ててみよう
>
> (8) 自分たちの生活や地域の出来事を身近な人々と伝え合う活動：地域の人に伝えよう
>
> (9) 自分自身の生活や成長を振り返る活動：大きくなったことやできるようになったことを振り返ろう
>
> （文部科学省「【生活編】小学校学習指導要領（平成29年告示）解説」2017，pp.29-51をもとに筆者作成）

　これらの活動を行うなかで，見る，聞く，触れる，つくる，探す，飼う，育てる，遊ぶなど対象物への直接的な働きかけが，児童にとっての体験となる。しかし，これらの体験は個々に完結するものではなく，例えば，「春の自然に触れながら，生き物を探し，教室で飼うために，飼育スペースをつくる」のように，いくつかの働きかけが複合的に組み合わさることで一つの学習活動となる。また，活動するなかで気づいたことを，絵や言葉，動作や劇化さらにはICT機器を活用して音声や映像等など多様な表現方法を用いて振り返ったり，伝え合ったりすることも児童にとって重要な体験である。

　すなわち「こんなことやってみたい」という思いや願いをもった児童が，具体的な活動や体験をすることで感じたり考えたりするだけでなく，他者に伝えたり自ら振り

返ったりする一連の活動の流れがあってこそ生活科の学びとなるのである。

## ❷ 幼児期の学びが生活科の学びにどのようにつながっていくのか

　幼児教育では，遊びを通した総合的な指導が行われており，子どもは遊びのなかでのさまざまな経験から学んでいる。この「遊ぶ」という行為は，他者から与えられたことを言われた通りにやることでもなければ，ただ自由に目的なく行動することでもない。子ども一人一人が，自ら興味関心をもって試行錯誤しながら夢中になって遊ぶことで初めて，幼児教育において育みたい資質・能力が育まれていく。

　一方，小学校教育では，各教科等の目標・内容に沿って選択された教材による指導が行われており，教師は各単元の目標への到達度を重視しながら児童の活動を計画する。その際教師が一方的に学習内容を教えるのではなく，児童が夢中になって自分の思いや願いを実現させようと主体的に学ぶ活動にする必要がある。そのためには，幼児期の「遊び」で培われた学びを生活科の学びにつなげていくことが大切である。

　「(5)季節の変化と生活」の活動を例に，生活科の学習のなかに幼児期の学びがどのようにつながっているのか見てみよう。季節の自然に触れることは，幼児期の子どもたちもたくさん体験している。

　例えばこんな場面を想像してみてほしい。秋になると園庭にたくさんの木の実や葉っぱが落ちてくる。砂場では，型に入れた砂で丸い土台をつくり，どんぐりをろうそく替わりに並べてバースデーケーキをつくっている子がいる。それを見て「ケーキ屋さんにしよう」と，何人かが集まり，砂とどんぐりを使っていろんな形のケーキやクッキーをつくり始める。イチョウの木の下は黄金色の葉っぱでいっぱい。「葉っぱをもっと集めてお布団にしようよ」「いいね！　あっちの葉っぱも持ってくる」。数人が両手いっぱいに葉を抱えて走ってくる。みんなで集めた葉っぱに潜り込み，顔だけ出して「わあ，みのむしになったみたい」といって，かわるがわる葉っぱの布団に潜り込む。

　このような豊かな体験をしている子ども達は，生活科の授業においても，園での経験をおおいに生かして「深い学び」に発展させていく。生活科における「深い学び」とは，「気づきの質を高めること」である。葉っぱの布団で遊んだ経験から葉っぱのお風呂をつくりたいという思いをもった児童は，園での経験を思い出して葉っぱを集めようとするが，そのままでは風が吹けば葉っぱが散ってしまうことに気づく。そこで，家のお風呂を想起して似たような形のものをつくれないかと考える。このように経験から得た知識同士をつなぐことで，気づきの質を高めていくのである。

　また，幼児期に秋の自然を使って十分遊ぶことで実感した「楽しかった」「面白かった」「やり切った」という情緒的体験は，生活科においても「今度はこんな遊びをしてみたい」「もっとこんな工夫をしてみたい」という意欲につながっていく。

<思いや願いをもつ場面>
先生「この前行った公園で秋の自然をたくさん持って帰ってきました。園でも秋の自然を使って遊んだことはありますか」

この黄色い葉っぱは園にもあったよ。みんなで集めて葉っぱのお布団をつくったよ。またやってみたいな。

どんぐりや赤い木の実をつかってケーキをつくったよ。ケーキ屋さんごっこ楽しかったな。

楽しかったという情緒的経験が次の活動への原動力に！

<活動や体験をして感じ考える場面>
先生「園で遊んだことも思い出しながら，どんな遊びをしたいか考えてみましょう」

今度はもっといろんな葉っぱを集めて葉っぱのお風呂をつくってみんなで入ってみようよ。

いろんな形のどんぐりやきれいな色の木の実で指輪やペンダントをつくってアクセサリー屋さんをしようよ。

遊ぶなかで試行錯誤した経験が新たなアイデアを生み出す！

<伝え合い振り返る場面>
先生「遊んでみて楽しかったことや，もっとこうしたいということをカードに書いてみましょう」

| 葉っぱのお風呂に入るだけじゃなくて，なかに松ぼっくりを混ぜて秋のたからもの探しゲームにしたら面白いと思う。 | だれでもはめられるように指輪の輪をモールでつくりました。髪ゴムに木の実をボンドでつけたシュシュもつくってみたい。 | アクセサリーだけじゃなくて，ポリ袋に秋のものをつけた服もつくってファッションショーをやってみたい。 |

> 図5-3　幼児期の体験と生活科の学びのつながり

筆者作成

## ❸ 幼小間で「学びのつながり」をつくるためにどうしたらよいか

　生活科は他教科に比べて幼児教育と小学校教育の「学びのつながり」を構成しやす

い教科である。神長は，学びの連続性を確保するとは，体験と体験をつなぎ「深い学び」を保障していくことだとし，幼小間の具体的な子どもの姿を通しての「気づきを共有する」ことが必要であると述べている[3]。

　幼児期の遊びを通した学びは，生活全体のなかで育まれるため子ども一人一人経験が異なる。しかし，遊びの楽しさを全身で感じながら，試したり工夫したり，友だちと協力し合ったりして育まれた学びは，どの子どもにも共通するものがある。そうした学びを，生活科の学習において発揮できるようにし，児童一人一人の思いや願いを大切にした授業展開を構成していくことが，幼小間の学びのつながりをつくっていくことにつながるのである。

---

3）神長美津子「『橋』をかけるということの意義とその展望」，渡邊和成・松田雅代・永井毅・長田悠佑編著『子どもと教師の学びと育ち──新時代の探求をひらくポイント61+α』三学出版，2024，p.81

# 第6章 保育のなかでのICT活用

> **本章で学ぶこと**
>
> 近年，ICTの技術が目覚ましく発展し，私たちの生活に大きくかかわるようになった。そして，今，乳幼児期にある子どもが成長するにつれて，ICTの技術が社会に実装され，人とのかかわり方や生活，産業に新たな変化をもたらすことが予想できる。しかしながら，いつの時代も変わらず，保育・幼児教育の営みにはICTでは不可能な要素が存在することも忘れてはならない。
>
> 本章では，保育や乳幼児の特性を踏まえ，子どもたちの未来を見据えながら，保育のなかでのICT活用について学びを深める。

## 1 ICTの活用

　今，私たちの生活に携帯電話やスマートフォン，パソコンが当たり前のように普及している。保育現場においても，数年前までは，おたよりや連絡帳，名札などは保育者が手書きで作成しており，「パソコンは便利だけど使いこなすまでが一苦労。結局手書きの方が早い」「手書きで作成したほうが子どもへの愛情が伝わるのではないか」という声がよく聞かれた。しかし，2020年から約3年間続いた新型コロナウイルス感染症の感染拡大のなかで，「ソーシャルディスタンス」を取りながら，対面での交流を最低限にすることを強いられるようになった。それを契機に，ICT（「Information and Communication Technology（情報通信技術）」の略で，通信技術を活用したコミュニケーションを指す）が急速に普及・発展した。私たちには，子どもにとっての有益なICTの活用方法を考えていくことが望まれる。

## ICTと乳幼児

　ICTを活用することにより，私たちは，メール等で即座に情報が伝達され，知りたい情報が見つかるようになった。生活をよりよくするためにICTを活用するには，「人がいかに情報と付き合うか」が重要であり，子どもの「情報活用能力」を育てていくことが求められる。

　近年は，このような社会の変化に伴い，子どもの生活を取り巻く情報を「情報環境」とし，乳幼児と情報とのかかわりについて注目されるようになった。乳幼児を取り巻く情報環境として，絵本，テレビ，新聞，ラジオ，パソコン，スマートフォンやタブレット端末が浸透している。これらの情報環境とのかかわりをすべて排除することは困難であり，むしろ，よりよい活用の仕方を見出すことが望まれる。例えば，子どもがパソコンを操作することに夢中になってすべきことができなくなってしまうことを恐れ，おとなが子どもに対して「宿題ができたら，動画を見ていいよ」「お手伝いをしたらパソコンを使っていいよ」とICTを何かのご褒美としてかかわるように促すと，子どもにとってICTとかかわることが「ご褒美」となって定着してしまうのではないだろうか。それよりも，むしろICTを活用することによって子どもの「ワクワク感」を刺激し，「もっと知りたい」「本物を見てみたい」という気持ちにさせるようなかかわり方を工夫することが大切である。

　また，乳幼児を対象にしたICTの活用を考える際には，発達段階による特性を配慮する必要がある。日本小児科学会は，次のような提言[1]を発している。

---

1　2歳以下の子どもには，テレビ・ビデオを長時間見せないようにしましょう。
　　内容や見方によらず，長時間視聴児は言語発達が遅れる危険性が高まります。
2　テレビはつけっぱなしにせず，見たら消しましょう。
3　乳幼児にテレビ・ビデオを一人では見せないようにしましょう。
　　見せるときは親も一緒に歌ったり，子どもの問いかけに応えることが大切です。
4　授乳中や食事中はテレビをつけないようにしましょう。

---

1）日本小児科学会こどもの生活環境改善委員会：「乳幼児のテレビ・ビデオ長時間視聴は危険です」 https://www.jpeds.or.jp/uploads/files/20040401_TV_teigen.pdf （2024年11月20日情報取得）

5　乳幼児にもテレビの適切な使い方を身につけさせましょう。
　　　見おわったら消すこと，ビデオは続けて反復視聴しないこと。
　　6　子ども部屋にはテレビ・ビデオを置かないようにしましょう。

　上記の提言2については，乳幼児には興味があることには夢中になってのめり込む傾向があることが，その理由の一つである。テレビやビデオの視聴においても幼児は夢中になる傾向が見られる。映像の特性や視聴の仕方によっては，1997年に起こった「ポケモンショック」[2]のような健康被害が生じる場合もある。また，上記の提言3については，テレビやビデオの映像のなかには，人が傷つけられるなどの残酷な場面が予告なく映し出されることがあることに関連している。子どもは，一人で残酷な場面を見ることにより，「このような行為は当たり前に起きる」「このような行為は容認されている」といった受け止め方をしがちである。しかし，おとなも一緒にテレビを見ることにより，残酷な場面が映し出されたときにはおとなが「これはひどい」「こんなことをしてはいけない」と言葉をかけることにより，「人が傷つけられることは酷いことで，してはいけないこと」という認識で情報を受け止めることができる。子どもが情報環境とかかわる際には，子どもが情報に対して受動的になりがちであるが，おとなが介入してその場でかかわり，子どもの情報の受け止め方を修正していくことも必要である。

## 3　保育・幼児教育でのICT活用

　「幼稚園教育要領」では，第1章　総則　第4　指導計画の作成と幼児理解に基づいた評価の「3　指導計画の作成上の留意事項」に次のような記述がある。

　(6)　幼児期は直接的な体験が重要であることを踏まえ，視聴覚教材やコンピュータなど情報機器を活用する際には，<u>幼稚園生活では得難い体験を補完する</u>など，幼児の体験との関連を考慮すること。　　　（下線は筆者作成）

---

2）1997年12月16日にテレビ東京系列で放送されたテレビアニメ『ポケットモンスター』第38話「でんのうせんしポリゴン」の映像により，視聴者の一部が体調不良を訴え，病院に搬送された出来事。病院に搬送された患者の多くは児童だった。4～12歳の児童約345万人が視聴していたと推定されている。症状は主に発作様症状，眼・視覚系症状，不定愁訴，不快気分，頭痛や吐き気などで，原因は激しい光の点滅を断続的に見たことにより，光過敏性発作が引き起こされたためとされる。

また，幼稚園教育要領解説においては，ICTの活用について，「直接的な体験だけでは得られない新たな気付きを得る」「体験で得られたものを整理したり，共有したりする」「イメージをもちながら見通しをもって取り組んだりする」といった利点があげられている。そして，「幼児の直接的な体験を生かすための工夫」として，幼児の直接的な体験との関連を保育者は常に念頭に置くように配慮することが示されているが，その具体的な視点として，「幼児の更なる意欲的な活動の展開につながるか」「幼児の発達に即しているかどうか」「幼児にとって豊かな生活体験として位置付けられるか」といった点があげられている[3]。次に，実践例を交えながら，ICTを活用することの利点について述べる。

## 1 ■ 直接体験だけでは得られない新たな気づき

　「直接体験」とは，「対象となる実物に実際に関わっていく」体験であり，それに対して，「間接体験」とは，「インターネットやテレビ等を介して感覚的に学びとる」体験，と説明される[4]。この定義に即せば，ICTを活用した体験は「間接体験」となる。

　乳幼児は，環境とのかかわりを通して心を動かし充実感や楽しさを感じる。この充実感や楽しさが次への活動への意欲へとつながり，探究心が育まれる。では，このような，次の活動への意欲につながる充実感や楽しさや探究心は，間接体験では得られたり，育まれたりしないのだろうか。直接体験でしか得ることができないのだろうか。

　乳幼児期には間接体験をすることは適さない，ということではなく，乳幼児は直接的で具体的な出来事を手がかりに学ぶため，直接体験したくなるような間接体験ができる工夫があると，園生活では得難い体験を補完することができる。例えば，昆虫や草花の命の移り変わり，雪の結晶や雲の形，動物の生態などを画像や映像に映し出してみるとどうだろうか。子どもたちが「本物を見てみたい！」「触ってみたい！」と思えるような魅力的な画像や映像を視聴することで，「もっと知りたい」という探究心を抱くように保育を展開していくことが可能である。そのうえで，さまざまなICT機器を使った間接体験に満足して，直接体験したかのように錯覚してしまわないように配慮し，知ることがさらなる「わくわく感」につながる援助や保育内容を考える。

---

3）文部科学省「幼稚園教育要領解説」2018，p.108
4）文部科学省「体験活動事例集－体験のススメ［平成17，18年度 豊かな体験活動推進事業より］」2008
　https://www.mext.go.jp/a_menu/shotou/seitoshidou/04121502/055.htm（2024年11月20日情報取得）

### 事例1　ライオンの口のなかが見られたよ！（5歳児）

ライオンやキリンなど，日本では動物園でしか見ることのできない動物がアフリカで生息している姿をとらえた映像を見ながら，「生き物」をテーマにしたプロジェクト活動を行った。子どもたちは，通常，動物園の檻のなかにいるライオンの姿を遠くからしか見ることができないが，映像では近くに寄って，ライオンがのしのし歩きながら大きな口を開けている様子を見ることができる。「ライオンの口って大きい！」「歯がとがっている」と子どもたちは気づいたことを次々と発言していた。

写真6-1 ●映像を見ながら野生動物の生態を知る

### 事例2　直接見ることはできないけどわかる！（幼稚園園庭）

Y幼稚園には広大な敷地と豊かな自然環境がある。最近，園内の森にムササビが生息していることがわかった。しかし，ムササビは夜行性の生き物で，高い樹木の上のほうで生息しているため，子どもの背の高さでは実際の様子を見ることができない。そこで，保育者は，専門家の助言をもとに，樹木の上のほうにムササビの巣を設置して小型カメラを取り付け（写真左），少し離れた場所にある小屋にモニターをおいて，モニター越しにムササビの様子を観察することができるようにした（写真右）。

写真6-2 ●ムササビの棲家

写真6-3 ●モニターの設置場所

こうしたICTの活用により，子どもたちは昼間は体を丸めて眠っているムササビの様子を静かに観察することができるようになった。「ムササビを触ってみたい！」「でもムササビは人間と違って昼間は眠っているから静かにしないといけないね」。ICTを活用することで，子どもの興味を育てながら，生物多様性についても考える機会となっている。

## 2 ■ 体験で得られたものの整理や共有

ICTを活用すると，子どもが体験したことを「共有化」「可視化」することが可能となる。その利点を，保育に積極的に活用する。

### 事例3　写真を手がかりにしてみんなに発表できたよ！

5歳児クラスでは，降園前の時間に，その日に自分が遊んだことを振り返り，報告している。しかし，なかには人前でうまく話すことができず，「えーっと」と言葉に詰まる子どももいる。そのようなときには，保育者が撮影した画像を取り出して見せながら，その子どもの伝えたいことを可視化して共有できるようにしている。このように，時にICTは，子どもの言葉の表現を助ける機能として活用することができる。

写真6-4 ● 画像を見せながらみんなの前で発表

## 3 ■ 子どもから見える世界を知ろう――ICTを活用して「子どもの声を聴く」ことの可能性

　近年，画像を使用してドキュメンテーションを作成したり，園の玄関先にモニターを設置し，園生活における子どもの自然な姿を保護者に開示したりする園が増えている。保育中に保育者がカメラを携帯し，子どもの姿を撮影する姿は珍しくなくなってきているのではないだろうか。また，カメラを子どもに手渡して，子どもが撮影する画像から，子どもにとっての環境の意味をとらえようとする手法を取り入れている園もある。

　クラーク（Clark, A.）らのイギリスを中心とした「space to play project」では，子どもを「有能な場への意味づけの担い手であり，自らの環境を探求する者」と位置づけ，「写真自体が子どもたちの意見を表している」「子どもの意見を個別に表した写真は，言語的には簡単に語れない物語を語ることができるかもしれない」と報告している[5]。

> **事例 4　写真を手がかりに子どもと環境のかかわりを知る**
>
> 5歳児に「保育園のなかの秘密の場所を教えて」と伝えてカメラを渡し，写真を撮ってもらうようにした。撮影した写真の一つが，下の写真である。日光に照らされてキラキラした緑や黄色やオレンジ色の葉について，「葉っぱのところに虹色の葉っぱがある」「私が最初に発見したの」「（昔から）あるのを知ってる」と話していた。
>
> 保育者にとっては見逃してしまうような樹木も，子どもの目から見ると「虹色の葉っぱ」で，特別な場所として意味づけていることを写真から知ることができた。
>
>
>
> 写真6-5 ●虹色の葉っぱ

---

5）Clark, A., *Listening to Young Children*, National Children's Bureau, 2017

# 第7章 保育のなかで学ぶSDGs

**本章で学ぶこと**

SDGsは、全人類が持続可能な未来を迎えるために採択された国際目標であり、持続可能な未来をつくりだす子どもたちを育てることが必要である。特に、幼児期から「何に着目し」「どのような方法で」「何を意識するのか」など、遊びや生活のなかで身近な環境について考えることが大切である。本章では、領域「環境」に焦点をあてた事例からの学びを深めていただきたい。

## 1 持続可能な社会に向けて

### 1 ■ SDGs（持続可能な開発目標）とは

　近年、毎年のように想定外の自然災害などに見舞われ、今までの価値観や自然への対応の仕方が大きく変わってきている。特に、地球の温暖化やオゾン層の破壊、異常気象などの自然環境の悪化は日々の生活のなかでも感じられるようになり、他人事ではなく自分事として真剣に取り組まなければならない。乳幼児期から、生活や遊びを通して「何が大切で・何ができるのか」を考えることが必要である。保育現場においても、近年、夏には高温注意情報の発表が多発し、プールや戸外遊びが制限される地域もあり、子どもたちの生活にも影響を及ぼしている。

　こうしたなかで、国連サミットにより持続可能な社会を目指す枠組みについての議論が深められ、2015年9月にSDGsが定められた。SDGsは「誰一人取り残さない社会」という共通理念のもと、持続可能で多様性と包摂性のある社会を実現するために、17の目標と169のターゲット（指標）から構成され2030年を期限に世界中で取り組む目標である。この目標に、自治体、企業、学校、民間団体、地域等が積極的に取り組み協力していくことが推奨されている。

### 2 ■ ESD（持続可能な開発のための教育）とは

　SDGs達成のために、「教育」も大きな役割を担っている。ESDは、1992年の「国連環境開発会議（UNCED）」以来、持続可能な未来に向けての教育の在り方と実践

図7-1　持続可能な開発目標（SDGs）

資料：国際連合広報センター
the United Nations Sustainable Development Goals web site: https://www.un.org/sustainabledevelopment/
The content of this publication has not been approved by the United Nations and does not reflect the views of the United Nations or its officials or Member States.

が求められてきている。北村・佐藤・佐藤は「ESDとは，自ら問題を発見し，それらをどのように解決すべきかを，座学だけでなく参加・体験型の学びを通して考えていく教育のアプローチであり，まさにSDGs時代に求められている学びの在り方だといえる」[1]ととらえている。

　日本においても，平成29年改訂版の幼稚園教育要領の前文に，「これからの幼稚園には，（中略）一人一人の幼児が，将来，自分の良さや可能性を認識するとともに，あらゆる他者を価値のある存在として尊重し多様な人びとと協働しながら様々な社会的変化を乗り越え，豊かな人生を切り拓き，持続可能な社会の創り手となることができるようにするための基礎を培うことが求められている」[2]と記載されている。また，関山・横山は「ESDの始まりが，幼児教育のフィールドにあることを認識し，そこではパッケージ化された学習プログラムに基づいたESD実践ではなく，生活に埋め込まれたESD実践という着眼のもとに，目の前の植物や動物，身近な人びと，人工物と直接に触れ合い，関わりをもつなかで，対象をケアし，ケアされる経験を積み重ねていくことが重要である」[3]と気遣うことと思いやることの大切さを述べている。つまり，幼児期は，生活のなかにあるさまざまなもの・人・ことにかかわりなが

---

1 ）北村友人・佐藤真久・佐藤学編著『SDGs時代の教育──すべての人に質の高い学びの機会を』学文社，2019，p.14
2 ）文部科学省『幼稚園教育要領』2017, p.2
3 ）関山隆一・横山草介「幼児教育における生活に埋め込まれたESD実践の理論的展望──ネル・ノディングズのケアリング論を手がかりに」『保育学研究』第61巻第3号，2023，p.381

ら，感じ，気づき，考え，試すなど心が動くことが大切であるといえる。

## 3 ■ 領域「環境」とSDGs

　保育所保育指針（平成30年）の乳児保育に関わるねらい及び内容における精神的発達に関する視点「身近なものと関わり感性が育つ」のねらいのなかで，「（ア）ねらい②見る，触れる，探索するなど，身近な環境に自分から関わろうとする」[4]と記述されているように，乳児期から身近な環境にかかわりながら身体諸感覚を通して自分と環境の関係についても気づいていくと考えると持続可能な社会を目指す教育が乳児期から行われなければならない。

　1歳以上3歳未満児の保育においては，身近な環境との関わりに関する領域「環境」（ア）ねらい②「様々なものに関わる中で，発見を楽しんだり，考えたりしようとする」[5]と記述されている。この時期の幼児は，探索意欲が旺盛で，身近なものに関心をもちいつまでも眺めたり，納得のいくまで繰り返しかかわり続けるなどの行動を通して，物の性質や動きの特徴，物と物の違いなどに気づいたりしながら，不思議と感じさらに興味をもつ時期でもある。

　さらに，3歳以上児の保育においては，環境との関わりに関する領域「環境」（ア）ねらい②「身近な環境に自分から関わり，発見を楽しんだり，考えたりし，それを生活に取り入れようとする」[6]と記述されている。この時期の幼児は，身近な環境に主体的にかかわり，自分たちの生活に取り入れながら，新たな発見や不思議さを感じたり，さらには課題を解決するための方法を仲間と考える楽しさを体験することや，先行経験を活かしながら，新たな体験を重ね環境とのかかわり方を学ぶのである。

　今までも，保育所・認定こども園・幼稚園等において自然のもつ良さや教育的な価値を活かしながら，幼児が自然とかかわり成長していく実践は多く示されているが，SDGsを意識した取り組みは，まだ数も少なくこれからの取り組みであろう。

　SDGsは，17の目標が示されているように，あらゆる分野の課題を取り入れた国際目標であるため，生活全体を通して総合的に育成することが求められている。本章ではSDGsの17の目標のなかで幼児が身近に感じ理解しやすい「2 飢餓をゼロに」「15 陸の豊かさも守ろう」に関連する実践を取り上げる。

---

4）厚生労働省「保育所保育指針」2018, p.21
5）前掲4), p.28
6）前掲4), p.40

## 2 持続可能な社会を目指す保育実践

### 1 ■ 目標2「飢餓をゼロに」・目標15「陸の豊かさも守ろう」

**事例 1** 「土になるってほんと」

幼稚園の園庭で，A職員が落ち葉を集めてコンポスト（腐葉土をつくるための容器）に入れていた。その姿を見て4歳児のB児とC児が「なにしているの」と聞くと，A職員は「葉っぱ寝かせているの」と答えた。B児「へーお布団なの」，C児「葉っぱは寝ていつ起きるの」，A職員「うーん，いつ起きるのかな」，B児「私にもさせて」と，B児とC児がA職員と一緒に落ち葉を集めてコンポストに入れる。数日後，「もう葉っぱさん起きているかなあ」とD保育者に聞く。A職員からB児とC児の様子を聞いていたD保育者は，「一緒に見に行こうか」とコンポストを開けるがあまり変化がない。2か月ぐらいたって，コンポストの落ち葉のことが気になり，B児がA職員に「あの葉っぱ，まだ寝てるの」と聞く。A職員は「どうなっているかな……先生に聞いてごらん」と答える。話を聞いたD保育者と一緒に，B児とC児はA職員に「葉っぱがみたいの」とお願いして，コンポストのなかを覗いた。「なんか腐ってる」「葉っぱが溶けてる」「ボロボロになってる」など変化した葉っぱの様子をみて驚いた。

保育室で，B児とC児がボロボロになっている葉っぱのことを今日の振り返りの時間に話した。すると，クラスのみんなもみたいと言い出し，コンポストのなかをみた。「葉っぱを長く寝かせると，茶色になる」「ボロボロな葉っぱになるの」「臭くなるの」などいろいろな意見がでたので，絵本『りんごだんだん』を読む。「りんごが腐るんや」「腐ったりんごを虫が食べてる」「土になるの，へー」「みんな土になるの」「何でも土になるの」……保育者は幼児たちと一緒に考えた。

○生活のなかで気づく環境

　幼児は，秋になると落ち葉を集めたり，集めた落ち葉をダンボール箱に入れ，なかに入って寝転んだりして遊ぶことが多い。葉っぱの音を楽しんだり，感触を味わったり，においを感じたり，全身で葉っぱと触れ合う姿である。このように葉っぱに親し

んでいる姿から，腐葉土づくりをしているおとなの姿に気づいてほしいとコンポストを設置した。身近な自然物が土になることを，生活のなかで気づくような環境づくりが必要である。

○関心を高める情報環境（絵本）

コンポストのなかをみた幼児たちは，腐ることに関心をもったので，保育者は子どもの関心がさらに高まるように『りんごだんだん』[7]の絵本を読む。絵本によってりんごが腐って土になることがわかった幼児は，何でも土になるのかと疑問をもち始めた。SDGsにつながる絵本を活用すると，子どもの関心がより高まる。

○自然物の循環・持続可能な活用

園としては以前から腐葉土をつくっていたが，幼児の生活のなかで特に取り上げることはなかった。そこで，幼児が関心をもつように幼児が気づく位置にコンポストを設置したことで，遊びとしての落ち葉集めが，土づくりとしての落ち葉集めに変わってきた。SDGsの取り組みは，「興味をもつ」「自分もやりたいと好奇心を掻き立てる」「物の変化に気づく」「体験を通して物の特性を知る」「他のものと比較して考える」など生活のなかから沸き起こる疑問を意識しながら，幼児たちの環境への新たな興味・関心が高まるように行うことが大切であろう。

### 事例2 「いのちのバトンリレーとしての種」

幼稚園で9月にヒマワリの種採りをした。幼児が，いっぱい採れるヒマワリの種をみて「一つの種からたくさんの赤ちゃんが生まれるんやな」と発した言葉から，保育者は「種を通していのちの教育をしたい」と考えた。幼児によくわかるように巨大ヒマワリを育てたいと考え，翌年6月に幼児と一緒にていねいにヒマワリの種をまいた。9月には見

写真7-1 ●採った種はこれかな

事に3メートルほどの巨大ヒマワリが育ち，成長過程にも関心をもってかかわってきたヒマワリなので，幼児たちも感動した。種がぎっしり詰まっているヒマワリを見て「きれいやな」「上手に並んでる。並ぶ順番決まっているんや」「きゅうくつやな」など自分たちとヒマワリを同一化しながらさまざまな会話が生まれてきた。

その後，幼児たちはいろいろな草花の種に関心をもち，園庭にある草花の種を集め始めた。「ペッチャンコの種」「小さい種で可愛い」「丸くてざらざらして

---

7）小川忠博写真と文『りんごだんだん』あすなろ書房，2020，p.28

る」「ハートの形や，なぜこんなところにハートができるの。不思議」「ヒマワリは筋がある」「だけど黒いのもあるで」……とそれぞれに気づいたことを話している。ちょうどダイコンの種まきをしたこともあり，ダイコンの芽が出てくると「種はダイコンのいのちなんや」と気づいた幼児がいた。その言葉を取り上げ，野菜や草花のいのちについてクラスで考えた。

写真7-2 ● ヒマワリの種，きれいだね

写真7-3 ● ダイコンになってね

○種はいのちの原点

　動物や虫は動きが見えるので生きていることがわかりやすいが，植物は動きがなく，いのちがあることがわかりにくい。一人の幼児が「一つの種からたくさんの赤ちゃんが生まれるんやな」と言ったことがきっかけで，種に興味をもち，種のいのちを感じるようになってほしいと願った。種が植物のいのちであることが理解できると，種をまいて野菜を育てる体験が身近になり，野菜の成長と野菜を食べる人間のことを関連づけて考えることができる。人間も動物も虫も，野菜や草や花のいのちを食べていることに気づき，「種がなくなったら大変や」と種を大切にする気持ちが生まれてきた。

## 3 持続可能な社会の創り手を育てる保育者の役割

### 1 ■ SDGsの視点からとらえることで，保育者の意識が変わる

　幼児が今までと同じ活動をしていても，SDGsの視点からとらえると，幼児に気づいてほしいこと，感じてほしいことが違ってくる。栽培活動においても，虫がやってくると一方的に悪い虫ととらえるのではなく，虫の立場から考えるようになる。落ち葉が土をつくるために必要であることを知ると，遊ぶだけの落ち葉ではなく畑の栄養

として大切にするようになる。保育者がSDGsの視点からとらえることで，自然をみるレンズ・幼児の育ちをみるレンズが変わり[8]，幼児や保育者にとって自分の身近な出来事になり意識が変わる。

## 2 ■ 幼児の発見・気づきや疑問を一緒に考える

　幼児期は好奇心が旺盛な時期で，生活のなかでさまざまな環境と出会い，不思議だなと考えたり，なぜと疑問をもったりしたことを保育者や友だちと一緒に図鑑や絵本などで調べ，その性質や特性を知っていく。保育者は，幼児の気づきに共感し，幼児が主体的に幼児なりの答えをみつけようとする行為をサポートすることが必要である。SDGsについて考えることは，持続可能な社会を実現するための学びとして大切なことであるが，調べたり，試したり，考えたりする過程に自ら感じ考えることの意味がある。

## 3 ■ 日常生活と結びつけ，自分のこととしてとらえることができる体験を仕組む

　身近な地域社会のなかで起こっている事象や課題などを幼児なりにとらえ，考えたり，行動したりする機会を逃さないようにしていくことが必要である。筆者が幼児と一緒に近くの川へカメを逃しに行ったとき，幼児が川のなかにあるビニール袋をみつけ，「カメがビニール袋を食べると死ぬ」とつぶやいた。このことをきっかけとしてゴミに関心をもち，地域のゴミ拾い活動を始めた。このように，幼児も地域社会の一員と考えると，地域社会の出来事や関心ごとを自分のこととしてとらえる体験を仕組むことが，持続可能な社会の創り手を育てる第一歩であると考える。

---

8）井上美智子・登美丘西こども園『持続可能な社会をめざす0歳からの保育──環境教育に取り組む実践研究のあゆみ』
　北大路書房，2020，p.104

# 第 2 部

## 内容編
## 環境とかかわり
## 広がる子どもの世界

第 **8** 章 物とかかわるなかで育つ探究心

**本章で学ぶこと**

子どもは生活や遊びのなかでさまざまな「物」とかかわり，その子なりに試したり確かめたりして，その特性や物事の法則性に気づき，物とかかわる経験を重ねて自らの世界を広げていく。好奇心旺盛な子どもの物とのかかわりは，ときとして保育者の予想を超え，新たな遊びを創造する源となっていく。

本章では，子どもの生活のなかにある身近な物をはじめとし，遊具，用具，道具，素材などの環境としての「物」を取り上げている。子どもは物と出会い，それらとのかかわりをどのように深めているのかを学び，そのための保育者の姿勢や役割についての理解を深めていただきたい。

 子どもが身近な物とのかかわりを楽しむ体験

## 1 ■ 乳児期の子どもの「環境を探索する」姿

　ようやくハイハイやつかまり立ちができて，移動が可能になってきた子どもの動きを追っていると，興味あるものを見つけて動く様子がよくわかる。おもしろそうな物を見つけては，そのたどたどしい動きで，対象となる「物」に近づいていく。触る，掴む，叩く，引っくり返す，投げる，舐めるといったさまざまな行為を通して，その物が何であるかをその子なりに知ろうとする。いわゆる探索行為を繰り返す。

　乳児期の子どもの環境を探索する姿の一場面を紹介する。1歳児の男児が，テーブルの上にあるティッシュの箱に手を伸ばし，それを自分のところに引っ張り寄せ，ティッシュを1枚引っ張り出す。1枚引っ張るともう1枚が出てくる。ティッシュの箱を不思議そうに見つめ，またもう1枚引き出す。同じ動きを3，4回繰り返している。そばでその様子を見守っていた母親は，子どもの手を握り，やさしく「だめ！」と言いながら子どもの行動を制止する。すると，子どもは母親の手を払いのけ，またティッシュの箱からティッシュを引き出そうとする。母親が，そのティッシュの箱を子どもから見えないように隠すと，子どもは母親の後ろに回り，目の前から消えたティッシュの箱を探しはじめる。ティッシュの箱を探す子どもと母親との間では，言葉はないが，目と表情，動きだけのやりとりがしばらくの間，続いていた。母親は

「ここ数日，この子はティッシュの箱が大好きなの」と，筆者に説明し，子どもの興味の対象が今，ティッシュの箱にあることを教えてくれた。子どもにとって，引っ張ると新しいティッシュが出てくるというティッシュの箱は，おもしろい「物」であり，それを目の前にしてはかかわらずにはいられない。制止されながらも何度もティッシュを引っ張り出す姿は，まさに，全身で「物」への興味を表現しているといえる。

　1歳児の子どもが身の回りの物に興味・関心をもつ姿は，本章第2節の「1歳児─物にふれて遊びいろいろに感じとる」でも記している。プチプチの感触や潰すことのおもしろさから，子どもは何度も同じ動きを繰り返している。事例4で特に保育者のかかわりとして学びたいことは，保育者は子どもの興味・関心に応えて，プチプチを床に貼って遊びの場を整え，子どもが大好きなプチプチで心ゆくまで遊べる環境をつくっていることである。プチプチは身の回りにある「物」ではあるが，同時に子どもにとってはおもしろい「おもちゃ」である。その子どもの思いに寄り添い，保育を展開している。

　この時期の子どもにとって，身の回りの「物」と「おもちゃ」との境はない。おもしろそうな「物」はすべてが「おもちゃ」となり，子どもはそれらとのかかわりを楽しみながら，物の特性や扱い方を学んでいく。保育をするうえで大切にしたいことは，子どもの興味・関心に寄り添いつつ，身の回りの環境を整えて，子どもの主体的な環境への働きかけを通して物とのかかわりを広げたり深められるようにすることである。それとともに，その行為を温かく見守りながら対応し，子どもなりにその特性や扱い方がわかり，生きる世界を知っていくように援助することである。

## 2 ■ 幼児期の子どもの「物と対話し探究する」姿

　乳児期の子どもの，身近な物に興味・関心をもって主体的にかかわり，感覚を通してその物を知っていく探索行為は，その後の発達に深くかかわる。幼児期になると，これまでの環境を探索してきた経験をもとに，実現したいことを意識しながら物とのかかわりを楽しむようになる。それは子どもなりに目的をもって試行錯誤を重ねて物とのかかわりを深め，探究的な取り組みを繰り広げているといえる。

　幼児期の子どもが身の回りのおもしろそうな物を見つけ，ふれて試したり確かめたりする探索行為は，単純な動きの繰り返しのため，一見，無意味な行為に受け止められたりするがそうではない。その行為は，子どもなりに対象となる物と対話し，それが何であるかを探究している姿であるといえる。

　砂場で型押しを楽しんでいる3歳児の女児の砂とのかかわりを，3つの段階に分けて，この時期の子どもの探究する姿を紹介する。

〈第1段階〉

　砂場で保育者と3歳児の子どもたち数人が，小さなカップで型押しをはじめた。近くでひとりの女児が，その様子をじっと見ていた。砂遊びの経験が少ない女児なので，保育者は同じ形のカップを渡し，一緒に型押しをはじめる。型を引っくり返して形がきれいにできたときと，少し形が崩れてしまうときがある。きれいにできたときには満面の笑みを見せ，崩れてしまったときには残念そうな表情をする。保育者は，うまくできないことが続いたときには「残念！　どうしてだろうね」と話しかけていた。そのあと，何度か型押しを繰り返すなかで，湿り気のある砂が必要であることに気づき，それを求めるようになってきた。

　第1段階は，同じ動きを繰り返すなかで，型押しのおもしろさを体験し，ひたすら繰り返すことを楽しんでいる時期にある。

| 第1段階<br>[子どものつぶやき] | 「おもしろそう。やってみたい」（興味・関心・意欲）<br>「やった！　きれいなかたちだ」（満足感）<br>「ざんねん！」（挫折）<br>「よし，もう1かいやってみよう」（挑戦） |
|---|---|

〈第2段階〉

　隣で同じ型押し遊びをしていた子どもたちが，プリンカップで型押しをはじめた。保育者にできあがったプリンを見せると，女児もプリンカップを手にして，プリンづくりをはじめた。砂場の縁の石の上にできあがったプリンを並べている。何回か型押しを繰り返すなかで，型押しの仕方や力加減がわかってきたようである。失敗の回数は少なくなり，きれいなプリンがたくさん並んできた。

　第2段階は，型押し遊びを繰り返すなかで失敗体験を通して砂の特質に気づき，きれいなプリンをつくるコツを獲得してきた時期にある。

| 第2段階<br>[子どものつぶやき] | 「あっ，ぷりんだ！　わたしもつくってみる」（興味・意欲）<br>「こうやると，うまくできるんだ」（気づき・推理）<br>「すなは，ギュッとおさなくては」（推理・判断）<br>「ひっくりかえしはむずかしいけど，だいじょうぶ」（判断・満足感・自信） |
|---|---|

〈第3段階〉

　偶然かもしれないが，女児がケーキ型の容器を見つけ，それを手にして砂を詰め込みはじめた。ケーキ型で型押しをやりたいらしい。しかし，大きいので引っくり返す際にうまくいかず，砂がこぼれてしまった。きれいに並んでいたプリンも壊れてし

まった。もう一度挑戦するが，うまくできない。保育者に「先生，もっとかたい砂をちょうだい」と言いながら，湿り気のある砂を求めてケーキの型を保育者の目の前に差し出した。湿り気のある砂を「かたい砂」と表現しているが，もっと湿り気があれば，「うまくできる」と確信している。保育者が湿り気のある砂を提示しながら，「この砂のこと？」と確認した。保育者自身も，ケーキ型に詰めて挑戦することにした。女児は，砂を詰める際に，「ギュッと押すんだよ」と保育者に教えている。また女児は，広い場所をとり，ケーキ型の型押しをする。今度は成功し，「やったー！」と歓声を上げる。心なしか，引っくり返しは素早くし，そのタイミングはプリンづくりのときと異なっていた。体験を通してタイミングを獲得してきたようである。

　第3段階は，型押し遊びがおもしろくなるなかで，どうしたら型押しがうまくできるか，そのコツがわかり，より高度な型押しにチャレンジしはじめた時期にある。

| 第3段階 [子どものつぶやき] | 「このおおきいのでやってみよう」（意欲・挑戦）<br>「ざんねん！　どうしてできないの」（挫折・推理）<br>「かたいすなならできる」（推理・判断）<br>「うまくできた。やっぱりこうするんだ」（納得・達成感・自信） |
| --- | --- |

　砂や砂の型押し遊びへの興味・関心がエネルギーとなり，第1段階，第2段階，第3段階へと発展している。そのなかで，子どもは，崩れないようにするためには，どの砂がよいか，どのようにして砂を詰め込むか，また砂を詰め込んだ型を引っくり返すタイミングはどうかなど，砂の特質や型押しのコツを体験を通して学んでいる。子どもが，「実現したいこと」（きれいな型押しをつくりたい）に向かって活動するなかで，新たな知識を獲得し，それをもとに推理，判断しながら砂とのかかわりを深めていく姿は，砂とじっくりと対話し，その特性や扱い方を知っていく探究的な学びの姿である（図8-1）。

　物と出会い，ふれ合いながら物への興味や関心が生まれ，物とのかかわりを深めることを通して遊びをつくりだすことは，子どもにとって楽しいことであり，同時に，子どもを探究的な学びに誘うものである。

## 3 ■ 物との豊かなかかわりを支える教材研究

　環境を通して行う教育では，子どもが自らを取り巻く環境に主体的にかかわるなかで，保育者は，人や物との豊かなかかわりができるよう，環境を構成し援助していく。子どもが取り巻く環境のなかからおもしろそうな物を見出してかかわることから，活動が生まれ展開する。したがって，子どもの周りに存在するすべての物が，教

① 子どもが身近な物とのかかわりを楽しむ体験　73

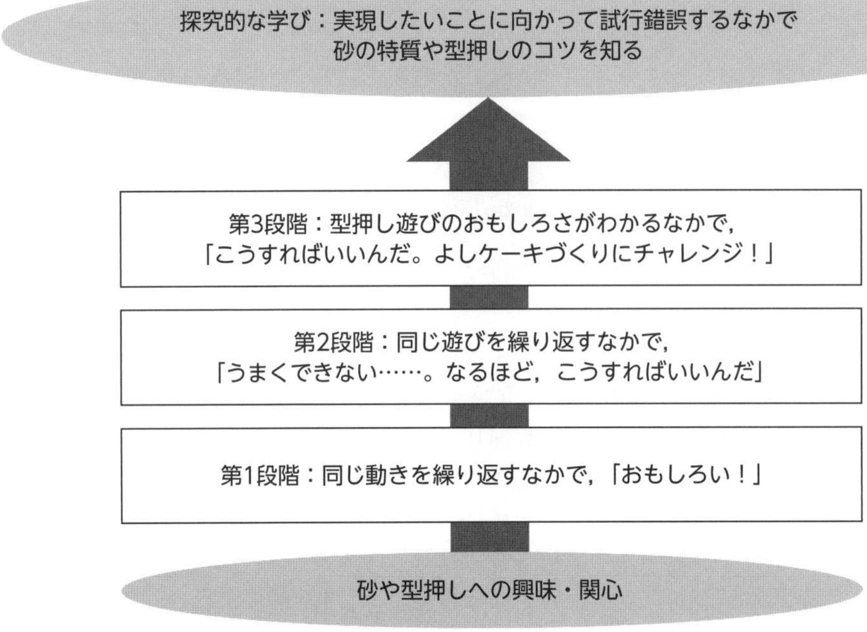

探究的な学び：実現したいことに向かって試行錯誤するなかで
砂の特質や型押しのコツを知る

第3段階：型押し遊びのおもしろさがわかるなかで，
「こうすればいいんだ。よしケーキづくりにチャレンジ！」

第2段階：同じ遊びを繰り返すなかで，
「うまくできない……。なるほど，こうすればいいんだ」

第1段階：同じ動きを繰り返すなかで，「おもしろい！」

砂や型押しへの興味・関心

図8-1　砂とのかかわりが深まる過程

材となる可能性をもっている。

　しかし，それは「教材は何でもよい」というわけではない。保育者には，乳幼児期にふさわしい生活を通して，子ども自らが発達に必要な経験が得られていくよう，ある意味では環境を精選し，保育環境を整える必要がある。保育の展開においては，保育者は，子どもが環境とかかわる姿から，子どもにとっての環境のもつ意味を問いつつ，環境の教育的価値をみていく必要がある。そのためには，保育者は，日頃から，物のもつ特性や特質と，子どもの活動と結びつける教材研究を重ねることを通して，よりよい保育環境をつくりだしていくことが重要な役割である。

　これまで述べてきた通り，乳幼児期の子どもはおとなの視点とは異なり，新鮮な目で環境から刺激を受け止め，能動的に環境に働きかける力をもっている。すなわち，子どもは環境から刺激を受け止めるなかで，その子なりの気づきや発見があり，おもしろいことやよいアイディアを自分の遊びに取り入れていく力がある。その力を発揮していくためには，保

写真8-1 ● 建築資材のタイルが，子どもたちの表現力を育む造形遊びの素材として使われている場面

育者は「子どもの新たな気づき」に対する理解や,「物の特質や特性をとらえた教材づくりと子どもの新たな発見」に対する共感が必要である。

　保育者は,子どもの気づきを活かして教材のもつ可能性を広くとらえる豊かな教材観をもち,子ども理解に基づいて教材研究を進めることが求められる。また,保育者自身も身近な素材を教材化していく視点をもつことが大切である。

## 事例 を通して理解を深める

　子どもが,物と出会い,かかわりを深める事例を紹介する。5歳児が,友だちとともに樋を使い,いかにして砂場まで水を運ぶかを考え,物を使って工夫して遊ぶ姿である。

### 事例 1 友だちと考え合い遊びを進める：3人で大きな海をつくろう（5歳児）

5歳児が砂場に大きな海をつくろうとして,樋を使って水道から砂場に水を流し込もうとする事例である。「大きな海をつくろう」という共通の目的の実現に向かって,互いの考えを言葉にしながら,物とのかかわりを深める子どもたちの姿がある。

3人の子どもが,「大きい海をつくろう：a」と,遊びはじめた。樋を使い水を流し水をためようとするが,砂に浸み込むのが早くて水はたまらない。「水が砂に負けちゃう！」「どうしてたまらないのかな？：b」と困っていた。「たくさん水を入れないとだめだ：c」と考えて,3人同時に水を流してみたが,うまくたまらない。「3人でも足りない：d」と,さらに考えた。そこで,何本かの樋をつなげ,直接に水を砂場に流し込むことを思いついた。樋のつなぎ目から水がこぼれてしまったが,樋とヒューム管を組み合わせることにより,水がこぼれない水路をつくることができた：e。自分たちでやり遂げた満足感や充実感を味わっている：f（以下略）。

<子どもの姿の読み取り>

a：提案・目的の確認

b：気づきを言葉にする,疑問,推測

c：推測,判断,実行

d：判断

e：用途に合わせ材料の選択

f：友だちと成功を喜び合う

事例内容は,「幼児一人一人が未来の創り手に―幼児教育Q＆A―」一般社団法人保育教諭養成課程研究会が,2019年度文部科学省委託研究により作成したリーフレットの一部である。詳しくは,以下のURLを参照のこと。遊びが発展する様子が映像を通

して理解できるため，授業に活用できる。
http://youseikatei.com/pdf/20200528_4.pdf

〈考　察〉

　子どもが物とかかわり，かかわりを深めていく過程について分析すると，考えを言葉にして深めたり，言葉を介して友だちと目的を共有したり，喜び合ったりする場面が多い。その過程を整理すると次の通りである。

・友だち同士で目的を確認して遊び出す姿がある（a）
・遊びのなかでの気づきや疑問を言葉にして考えを深めている。この言葉は，一緒に遊ぶ友だちへ向けられた言葉であるが，同時に，自分なりの考えを整理したり状況を把握したりしている言葉でもある（c・d）
・これまでの経験を活かしながら，物を使いこなしている（e）
・友だちと目的を達成した喜びを言葉にして分かち合っている（f）

## 2　子どもが遊具や用具とのかかわりを楽しむ体験

### 1 ■ 遊具や用具が呼びかける声に応えて遊びがはじまる

　子どもは身近にある物にふれ，繰り返しかかわりながらその物を理解していく。子どもにとって，身の回りにある物はすべて興味の対象になるわけだから，そこに何を置くのかなど，よく考えていく必要がある。

　0歳児保育室のなかをみてみよう。お座りができるようになった子ども，ハイハイで移動するのが楽しくてたまらない子ども，慎重につかまり立ちを試みている子どもなど，さまざまな状態の子ども

写真8-2 ●子どもの状況に応じて物の配置に配慮する

がそこにいる。そのようななかで，それぞれの子どもの状況に応じた物の配置に配慮する。つかまり立ちのきっかけになりそうな台のところに，引っ張って遊べる物をつけておくと，ハイハイする子どもも楽しめるかもしれない（写真8-2）。「この子は？」「あの子は？」と，いろいろな子どもの動きについて思いめぐらせている時間，それがとても大切になる。

子どもの周りにあるさまざまな遊具や用具は，子どもに「遊んでごらん」「おもしろいよ」「触ってみてね」と呼びかけているように思う。その声を敏感に察知して，子どもは遊びだすのだから，子どもの実態や発達の方向性を把握し，それに沿った物を用意したいと願う。

## 2 ■ 遊具の特色と遊びの広がり

「遊具」とは，発達段階に応じた豊かな体験が得られる物のことであり，遊びのために使用する道具のことをさす。0～2歳児の保育においては，手に持って遊べる大きさの物を「おもちゃ」と呼ぶこともあるが，3歳児以上の保育では「遊具」と呼ぶことが一般的である。遊具は大別して「固定遊具」と「移動遊具」とに分けられる。次に，それぞれの特色と豊かな遊びにつながるポイントをあげる。

### （1）固定遊具の特色と豊かな遊びにつながるポイント

固定遊具には，ブランコ，すべり台，ジャングルジムなどがあり，体全体を動かす運動的活動の道具として用いられる。子どもは，体を動かすことを好み固定遊具でよく遊ぶ。それだけに，固定遊具の配置や在り方については慎重に検討したい。園庭全体の構想に基づかずに設置された場合は，遊びに関連性がなく豊かな遊びにつながりにくい。「園庭の遊びをデザインする」という考え方のもと，子どもが体験する内容をイメージしたうえで動きから動きへと展開していくような位置に固定遊具を配置したり，丸太を組んで手づくりの遊び場を作製したり，という例も

写真8-3 ● 園庭の遊びをデザインする。小高い土山を登り下りする動きがひき出される

でてきている。

写真8-3は，工事後に出た残土を生かした土山である。斜面を登ったり駆け下りたりすることで，多様な動きを体験できる。

## （2）移動遊具の特色と豊かな遊びにつながるポイント

　移動遊具には，積み木・ブロックなどの構成遊具，ボール・縄などの運動遊具，三輪車・スクーターなどの乗り物遊具，シャベル・ふるい・砂型などの砂遊び遊具，ままごとに用いる遊具，コマなどの伝承遊具などがある。幼稚園教育要領では，「身近な物や遊具」とのかかわりの重要性が次のように述べられている。

> **第2章　ねらい及び内容　領域「環境」**
> **2　内容**
> （8）　身近な物や遊具に興味をもって関わり，自分なりに比べたり，関連付けたりしながら考えたり，試したりして工夫して遊ぶ。

　子どもの豊かな育ちにつながるために，身近な物や遊具で遊ぶことを通して大切にしたいことは，「興味をもって自らかかわる」ことと，「工夫して遊ぶ」ということである。この考え方に沿って大事にしたいポイントをまとめる。

### ❶ 子どもたちの関心をとらえて遊具を選択し環境のなかに置く

　豊かな幼児教育は子どもたちの興味や関心をとらえ，それに応じた環境を用意することからはじまる。

　写真8-4は，2歳児クラスのままごと遊び用の遊具棚である。遊具棚にエプロンや三角巾が置かれているのは，「おかあさんごっこ」をやりたがり，布を腰に巻きつけたりする動きがきっかけだった。

　環境のなかに子どもたちの興味や関心に応じた物を加えていくことで，子どもたちの遊びを支えることができる。

### ❷ 子どもたちの遊びを支える手づくりの遊具

　エプロンと三角巾を身につけて，ごちそうづくりをしている子どもがいる。ご飯茶碗のなかに入っているのは，白いチェーンリングをつないだ物である。飲

写真8-4 ● 2歳児クラスのままごと遊び用の遊具棚

み物として取り出されたのは，小さいペットボトルに色水を入れた物である。夢中になって遊ぶ子どもの周りには，保育者が作製した物がたくさんあることがわかる（写真8-5）。

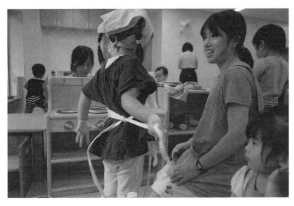
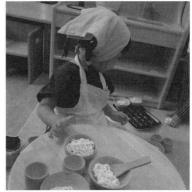

写真8-5 ●身につける物があることで，ごっこ遊びの楽しさがひろがる

　子どもの興味や関心をとらえ，遊びのなかで活かされる物を保育者が作製していくことで，子どもたちはさらに遊びの楽しさを味わうことができるようになる。なお，遊具を手づくりする際には，過剰な装飾を施すことは避け，できるだけシンプルな形で作製することで，子どもたちの見立てる力を育てていくことが重要である。

❸ 遊ぶ物をつくって遊ぶ，という動きを支えていく

　子どもは成長に応じて「つくる」力を伸ばしていく。既存の遊具で遊んでいた状態から，自分でイメージを出し合い，それを形にするようになっていく。

　写真8-6は，お祭りごっこで「ボール投げ」のゲーム場で遊んでいる様子である。ボールが入る位置によって点数が変わるので，入りにくい場所をどのようにしてつくろうか，色は何色でなど，いろいろ考えて作製していた。「こうしてみたい」という思いがはっきりしてくるので，保育者も材料探しを手伝いながら段ボール箱を使いつくっていった。

　自分で工夫しながら遊びを進めていくなかで，遊び場や遊びで使う物をつくる動きが活発に展開する。「よりよい物を，よりおもしろく」という目標が，子どもの遊びをさらに高めていく。これは大切なポイントだと考える。

写真8-6 ●お祭りごっこのゲーム場で遊ぶ子ども

## 3 ■ 用具の特色と遊びや体験の広がり

　用具とは，何かをするために使う道具のことである。材料や素材を使ったり，手を加えたりして，形のあるまとまりにするための使う物や，何かの行動を起こすために使う物を意味している。

子どもは手を動かし，場や物に能動的に働きかけることを通して成長していく。そのような働きかけを支えているのが用具であり，保育のなかで重要な位置を占めている。

　保育環境のなかにある用具の例と配慮点は次の通りである。

〈保育環境のなかにある用具の例〉

　製作用具：ハサミ・ホチキス・穴あけパンチ・セロテープ台，など

　園芸用具：クワ・スコップ・ふるい・タライ・ザル，など

　木工用具：トンカチ・ノコギリ・ドライバー・釘抜，など

　生活用具：ほうき・ちりとり・ゴミ箱・雑巾・雑巾干し・掃除機・アイロン・ミシン，など

　調理用具：包丁・まな板・ボウル・ザル・ホットプレート，など

　放送機器：スピーカー・デッキ・マイク・プロジェクター，など

〈用具を活用する際の配慮点〉

①　保育環境のなかにある用具は，常時使えるようにしておくもの（ハサミ・セロテープ台，など）と，必要に応じて使えるようにするもの（木工遊びをするときのトンカチ，など）がある。計画に基づき，子どもの活動を予測したうえで，子どもがその用具を使いこなせる環境を用意することが必要である。

②　多様な用具を保育に取り入れることで，正しく安全な使い方を学ぶ機会にできる。そのためには，保育者が多様な用具の特性や使い方を知っている必要がある。

③　用具を使いこなすことにより，子どものなかに自己有用感が高まっていく。大切にしたいのはこの気持ちであり意欲である。

④　上記にあげた〈保育環境のなかにある用具の例〉は，子どもが使うものが大半だが，おとなが使う用具もあげた。掃除機やアイロン，クワなどである。生活を整えたり豊かにしていくために必要な用具だが，それをおとなが使っている様子を見ることも，子どもには大切な経験になる。

### 事例 を通して理解を深める

　子どもが遊具や用具とのかかわりを楽しむ体験の意味や，援助の在り方などについて考えてきた。ここからは，0歳児，1歳児，3歳児，5歳児の具体的な子どもの姿を通して，子どもと遊具や用具のかかわりについて考えていく。0歳児，1歳児，3歳児は遊具とのかかわり，5歳児は用具とのかかわりについての事例である。

### （1）0歳児 ── 手を伸ばすことからはじまる

　子どもにとって，自分の周りにあるものはすべて魅力的な「遊具」になる。保育者

に見守られている安心感を土台に，自分から近づきふれたりすることでその物を理解していく様子を紹介する。

> **事例 2** トンネルをくぐる（0歳児4・5月）
>
> 保育室にあるトンネル。4月，H児はなかをのぞき込むが，入ろうとはしなかった。5月，数人の子どもがトンネルのなかに入っていくと，H児もハイハイでやってきて入ろうとするが，先に進むことができなくなり，泣いて保育者に助けを求めた。その後，H児はしばらくトンネルをつかまり立ちの場所として活用していたが，ある日，玩具をもってハイハイして，そのままトンネルに入って行った。出口で保育者が手を振ると笑顔になりハイハイしてきた。出る瞬間，達成感に満ちあふれたような笑顔をみせた。
>
>
> 写真8-7 ● 保育者を見つけてニッコリ

> **事例 3** 手を伸ばす（0歳児9月）
>
> テラスにいたA児。目の前には園庭が広がり何人かの子どもが遊んでいる。A児は体を前に乗り出して手を伸ばし，目の前の砂を確かめるように触ってからハイハイで降りていった。
>
>
> 写真8-8 ● もうちょっと，もうちょっとと伸ばした手

【事例2・3】執筆：松田千嘉子（文京区立お茶の水女子大学こども園）

〈考　察〉
　子どもは自分の周囲にあるものに興味をもつが，実際にふれたりなかに入り込んだりするには時間を要する。安心感を土台として自ら歩みだし，かかわっていく動きを大切にしたい。

## （2）1歳児 ── 物にふれて遊び，いろいろに感じ取る

　1歳児の子どもは，身の回りにある物とかかわりながら，自分の意思を行動や言葉に出すようになる。保育者は，子ども一人ひとりのやりたい気持ちを受け止め，多様な体験ができるように支えている。そのなかでさまざまに感じ取っていると思われる子どもの姿である。

### 事例4　プチプチを床に貼ってみたら（1歳児6月）

D児は木の車の玩具を手に取り，プチプチの上をゆっくり走らせている。凹凸の上を走る車はゴトゴトと上下する。その動きに合わせて「ボコボコ！」と声を上げ，うれしそうに保育者を見上げた。しばらくプチプチの上を走らせていた。

写真8-9 ●車を走らせながら微妙な音の違いを味わう

### 事例5　チェーンで遊ぶ（1歳児6月）

透明の容器に入っているチェーンを，指先でつまんで移し替えているS児。長いチェーンを移すときは，腕を大きく上にあげながら「うあ〜！」と保育者を見る。「このチェーンは長いね〜！」と言葉をかけると「うん」とうなずく。短いチェーンを移すときは不思議そうな顔で保育者を見る。「そのチェーンは短いね」と声をかけると，「やっ」と言いながら力強く容器に移す。何度も移しているうちに，容器を持ってまるごと移したり，チェーンがジャラジャラと音をたてながら落ちていく様子をじっと見たりする姿がみられるようになる。

写真8-10 ●チェーンのじゃらじゃらした感触を味わいながら，容器に移して遊ぶ

【事例4・5】執筆：伊藤ほのか（文京区立お茶の水女子大学こども園）

〈考　察〉

　子どもの動きを見て環境を新しくすることがある。

　事例4の「プチプチ」という素材も床に貼ることで遊具のようになり，子どもたちのさまざまな動きを引き出した。

　事例5のチェーンと容器が複数あることで，入れたり出したりという動きや，チェーンをかき混ぜるという動きが引き出された。その動きは保育者の予想を超えている。

## （3）3歳児　── 遊具を組み合わせて場や世界をつくって楽しむ

　積み木やブロックなどを使い，場や状況を構成して遊ぶことを楽しみはじめた子どもは，遊具を組み合わせて「自分が実現したいこと」をつくりあげていく。保育者は，子どもの思いを受け止めながら，遊びを支える援助をしている。さまざまに感じ取り遊ぶ子どもの姿である。

### 事例6 飛行場をつくろうよ！（3歳児）

マグネットブロックを組み立てて遊んでいるE児，F児。形が少しできてくると「飛行場にしよう」「飛行機が飛ぶまで休めるところがいいかなぁ」とふたりで考えながら近くにあった薄い板の積み木も使い，夢中になってつくっていた。E児が棒状のブロックを積み合わせてヘリコプターをつくりはじめると，F児もつくる。飛行場にヘリコプターが登場し，飛行場らしさがでてきた。「ここふさいでおくね」「こっちから発射！」と話しながらつくっていく。飛行場ができると，そのそばに小さい積み木を並べはじめた。「これは？」と保育者が聞くと「宇宙の街だよ」という答えが返ってきた。

E児たちの近くでは，G児とH児が，ほかのクラスから借りてきた中型積み木で迷路をつくっている。迷路が頑丈にできているかを足で踏みながら確かめている。「オッケーだよ」「はい，進みまーす」と言いながら，危ないところは修理をしている。G児が「大丈夫！」と言うと，H児は迷路の続きをつくりはじめる。

E児とF児が小さい積み木を使ってつくった宇宙の街は，上空から見下ろして味わう。飛行場から飛びたった飛行機は，この宇宙の上空を飛ぶようになっている。そのそばにG児とH児の中型積み木を使った迷路ができたことで，宇宙から来た人やここに住んでいる人たちが遊べるようになった。

写真8-11 ●多様なものを組み合わせて場をつくる子どもたち。イメージを交わし合って遊ぶ

執筆：伊藤幸子（文京区立お茶の水女子大学こども園）

〈考　察〉

　子どもは，多様な遊具を組み合わせてイメージを実現していく。子どもが抱くイメージは遊具によって形になり，言葉によって子ども同士のなかで共通になっていく。

　保育者は子どもたちの声に耳を傾け，イメージが共有されていくことを支えていく。子どもたちは安定し，集中して遊ぶなかで，遊具の特徴を活かした遊びが展開するようになる。

（4）5歳児 ── 用具や遊具を使いこなし，探究する

　5歳児は，これまでの園生活での経験を通して，環境のなかにあるさまざまな遊具や用具を活用し，自分の遊びをつくりだしている。子どもの姿のなかから「探究」に焦点をあてて，❶「よく見る・調べる」を支える用具，❷「感じる」を支える用具，について紹介する。

❶「よく見る・調べる」を支える用具

〈分ける〉　仕切りケース・カップ・小箱：集めた実や小石を小さなスペースに収納する

　子どもは，見つけたものやすてきだなと感じたものを集めることが好きである。そうして集めた大切なものを分類できる入れ物があると，もっとよく見たり違いに気づいたりして，興味がさらに深まっていく。仕切りケースは，その気持ちをさらに引き出す。形，色，大きさに目が向く（写真8-12）。

〈調べる〉　虫メガネ・図鑑・タブレット端末：出会った虫や実を調べる

　散歩先で見つけた不思議な木の実。まず虫メガ

写真8-12 ●集めた宝物を分類できる仕切りケース

ネで本物をよく調べる。次に「これは何？」と図鑑を広げる。「これは似ているけど色が違うよ……」と、タブレット端末の画像検索で調べてみることに。「あ、これはここが似ているよ！」（写真8-13）。

写真8-13 ●まずは虫メガネで観察。図鑑で調べてみるがどうも違う……「よし、タブレットでもう少し調べてみよう！」と探究がすすむ

〈測る〉 巻尺・定規・曲尺（かねじゃく）・スケール：小さな虫や天井の高さなどなんでも測る

　数字に興味をもつようになった子どもにとって、「測る」ということは、とてもワクワクする行為である。身の回りのおとなが使っている道具に、自分の手でふれどうやって使うんだろう？　と考えながら試してみる。そしてわかった途端、その道具を使いこなそうとして、あちこちいろいろ調べたいという気持ちが膨らんでいく（写真8-14、15）。

❷ 「感じる」を支える用具

〈組み合わせる・変える・場をつくる〉 トイレ・ばけつ・台など：水を流して遊ぶ

　水道から水を流したいというアイディアがでた。どうやったら目的の場所まで水を届けられるかな、と考えて試してみる。高さを変えてみると、うまくいくことに気づく。気づくと、その情報が伝わっていく。そしてまたつまずく。つまずいてまた変える。自分たちの考えで変えてみると、考えたり気づいたりが増えていく（写真8-16）。

〈光を味わう・感じる〉 懐中電灯・セロハン：映画ごっこ、夜のイメージで遊ぶ

　暗い場所で気づく光の魅力。光はいつも同じものが少し違って見えることに気づか

写真8-14 ●天井までの高さを測ってみる　　写真8-15 ●捕まえた虫の身体測定がはじまる

❷　子どもが遊具や用具とのかかわりを楽しむ体験　　85

写真8-16 ●雨樋のすべり台。水や葉っぱを流す動きがうまれる

せてくれる。照らしたり，動かしたり，重ねたりするなかでたくさんの不思議が生まれてくる（写真8-17）。

〈凍らせる〉　冷蔵庫・製氷皿：色水を凍らせてかき氷屋さん

つくった色水を冷凍庫に入れると，かき氷屋さんごっこになる。「今度はこれを凍らせてみる？」と植物やおもちゃを入れることもある（写真8-18）。

〈変化させる〉　泡立て器・おろし金・すり鉢：石けんを泡立てる・色水をつくる

混ぜ方，水の色，石けんの量で驚くほど変わる。繰り返し遊ぶなかで，「今度はこうしてみようかな」と自分の手で起こした変化の行方を見られるようになっていく。できあがった物をカップに入れてしばらく置いておくと，そこでも変化が起こる。できあがった物を並べる場所（台，机など）も重要な存在である（写真8-19）。

写真8-17 ●暗闇のなかの光が織りなす「不思議」を体験する

写真8-18 ●ジュースを凍らせてかき氷屋さんごっこが始まる

写真8-19 ●「きれいなピンクだね」「もっと泡をブクブクさせよう」

写真8-20 ●栗の収穫。たくさんとれたね。この草を切って乾燥させておこう

〈収穫を楽しむ〉 大中小のザル：収穫した物を集めて干す，飾る

　カゴやザルがあると，格段に本物さながらの収穫になる（写真8-20）。

　　　　　「(4) 5歳児」執筆：松尾杏菜（文京区立お茶の水女子大学こども園）

## 4 ■ 遊具や用具とのかかわりを楽しむための環境や援助の在り方

### （1）遊具とのかかわり

❶ **物や場とのかかわりは安心感を土台としてはじまることを理解しゆっくり支える**

　事例2や事例3では，身近にあるトンネルや園庭に興味をもっても実際になかに入るのに時間を要した0歳児の姿を紹介した。躊躇する気持ちをもつということは，人が育つうえで大切な反応である。保育者がいることでその気持ちを乗り越え，一歩踏み出すことができた。子どもと物が出会っていくための基盤として，保育者の存在が果たす役割は大きい。

❷ **子どものつぶやき，動きへの応答的なかかわりのなかで探索的な動きを引き出す**

　安心感を抱くようになった子どもは，身近にある遊具に手をのばすようになる。事例4や事例5では，安心して遊びだした子どもの動きに応じて，子どもがうれしそうな顔をした瞬間を見逃さない保育者のかかわりがみられた。保育者の応答的なかかわりが，子どもたちの動きを支えている。

❸ **遊具を組み合わせてイメージを実現しようとする動きや意欲を支える**

　大小の積み木や遊具を組み合わせることで，「飛行場」というイメージを実現していた事例6の3歳児の姿からは，柔軟な発想が伺える。イメージに合わせて物をつくる動きと同時に，できあがった形からイメージが湧き起こり，さらに遊びがひろがっていく。子どもがやりはじめたことを受け止め，共に楽しむ援助が大切であると考える。

## （2）用具とのかかわり

用具や遊具を使いこなし探究する5歳児の姿（p84〜p87）からわかったことをまとめる。

### ❶ 子どもの興味や関心をとらえ用具を選択し活用することで探究は深まる

「よく見る・調べる」を支える用具と，「感じる」を支える用具を紹介した。仕切りケースや虫メガネなど，見ることを際立たせる用具は子どもたちに大好評だった。

幼児期の教育では子どもに経験させたいことは，「よく見る」ことのおもしさを味わうことだろう。「何を見るか」については，子どもに任せることが多かった。「見たい物を見る」という姿勢が大切である。

### ❷ 用具の使い方の基本は伝えつつ用具自体と探究的にかかわる姿を認める

「測る」では，在園児の祖父母が営んでいる金物屋を見学に行き，曲尺に興味をもち購入したことから，さまざまな物を測る活動がはじまった。園内にある物を一通り測り終わると，違う計測の仕方に興味をもち，重さや太さを計測するという動きにつながっていった。幼児期における探究の在り方である。

### ❸ さまざまな用具の特性や可能性に気づくために，保育者自身が探究的にさまざまな用具にかかわる

日常生活で使っている道具を保育のなかに取り入れることで，新しい気づきが得られることがわかった。また「収穫を楽しむ」で紹介したザルは，集めた物を干すのに最適なだけでなく，美しさを感じられる物だった。「美」という要素は欠くことができない。


幼児の探究する意欲をひき出したり，遊びに豊かさをもたらしたりするうえで，用具は大きな力を発揮することがわかった。用具と子どもが出会っていけるように，保育者自身が，日頃から日常生活にあるさまざまな用具に関心を寄せ，特性や可能性，美しさを感じるという姿勢をもつことが大切だと考える。

# 第9章 生き物とともに生活するなかで感じる生命の不思議

> **本章で学ぶこと**
>
> 子どもが生き物とのかかわりを通して得るさまざまな学びを知る。五感を使った実体験を通して，生き物のもつ「不思議」を発見したときの喜びや楽しさを味わい，自分自身が自然に興味・関心をもつことの大切さを学ぶ。これには保育者に「自然を見る目」「自然を扱うセンス」を育てる必要がある。身近な生き物と接する際には，目前のことだけではなく，生態系および持続可能な自然という視点をもち，事物を考える姿勢が大切である。さらに生き物を扱う配慮点の概要を述べる。

## 1 子どもが植物にかかわり親しむ体験

### 1 ■ 子どもと植物のかかわり

#### （1）子どもに特徴的なかかわり方

　春の子どもたちの植物とのかかわりをみてみよう。タンポポを摘み，綿毛を見つけて飛ばす。草のうえに寝転がり青々としたにおいを思いっきり吸い込む。サクラの花吹雪をあび，「花びらキャッチ」をして遊ぶ。落ちてきたフジの花やハルジオンなど，色とりどりの花を集め，ザルのうえに広げる。鍋をもち出してきて，おままごとがはじまる。サルビアやヘビイチゴが加わり，すり鉢ですり潰す。夏のキノコが生えはじめ，においをかいだり，独特な触感も楽しむ。

　カラスノエンドウが育ってきた。黒い豆をたくさん集める子どももいれば，若いサヤで笛をつくる子どももいる。ピーピーときれいな音がするが，音がでないサヤもある。なぜだろう？　子どもの年齢により，同じ植物でもその遊び方に変化がみられる。

　ハチクを見つけポキッと折った子どもがいる。これは「たけのこ」で食べられると知り，先生が火をおこして焼いてくれた。皮を剝いて食べてみる。イタドリをかじってみると，酸っぱい。自然のなかには甘い・酸っぱい・苦いなどいろいろな味がある。

　細長い植物があれば草相撲ができる。オオバコやクリの花，エノコログサなど，どれが強いか試す。植物をいくら採ってもよい場所があると，いろいろな試みができる。おとなにとっては小さな発見でも，子どもには大きな意味をもつことが多い。

9月になり，色水遊びにヨウシュヤマゴボウが加わった。ここにエゴノキの青い実を潰して入れ，泡立て器で混ぜる。すると器のなかには，白と桃色を混ぜたマーブル模様の泡ができあがる。コップに入れて飲む真似をする。「でも，飲んじゃだめなんだ」と言う。この二つの植物は毒があると，年長組のお兄さんたちが教えてくれたと言う。

季節が移ると植物はどんどん入れ変わっていく。全部に違う色・においがあり，その変化が楽しい。自然は毎日その表情を変える。それは生き物たちが日々，成長するからである。それに伴い，生き物のもつ「不思議」も変化する。

写真9-1 ● すり鉢で草花を潰し，色水をつくる。「あれもこれも」と材料をたくさん集めてくる。すり潰すときのゴリゴリという音は，材料によっても違う。葉っぱはかたい。実は潰れやすい。きれいな色に，不思議なにおい。五感をフル回転させて遊ぶ。

### （2）五感で植物を感じる

植物は，ちぎる，潰す，かぐ，味わうなど自由に扱えるため，より五感を働かせやすい。植物のさまざまな色，におい，手触りに気づくことで多様な遊びのイメージが広がる。これは想像力や発想力につながる。植物の移り変わりや木々の葉の色の変化から，季節の移り変わりを知る。

幼児期は自然と触れ合い，想像・創造し豊かな感性を育てるのに最適である。植物とのかかわり方には，その種類や子どもの発達に応じた方法がある。多様な自然を相手に興味・関心の先は異なり，各自の興味を子ども同士で分かち合うことで自己と他者の視点の違いに気づく。

### （3）栽培で得られる学び

栽培では，それぞれの植物の種類により好む土や日照などの環境を用意し，水や肥料を定期的にあげるなど世話をして，成長するまでに実際には時間と労力がかかることを知る。植物はその場から動かないが，成長し花が咲いて実をつけることで「生」を認識できる。自分の世話が成長に関与できる経験はうれしいもので，栽培への意欲が湧くだろう。一方，台風のため茎が折れたり，虫害で枯れることもあり，自然の摂理を体験できる。この過程で問題を解決しようと考えるが，自然の前で人は無力であり，自分の思い通りにはならないこともある。このような体験は，将来の人格形成上

必要な気づきである。

　ようやく広がった葉や実った果物を野生動物などに食べられてしまい，衝撃を受けることもある。野生動物の痕跡を感じ，植物を介してほかの生き物との競合を体験できる。すなわち，私たち生き物は，常に生存のために食料を探す競争相手であり，これは生態系においては通常の営みである。

　店で簡単に購入できる食材も，だれかの労力により得られる。人は，食料としてほかの命を摂取することで生命を維持している。命は自然が生み出すものであり，その「命をいただく」感謝の気持ちをもち続けるためにも栽培は効果的である。

## 2 ■ 子どもにとって植物とかかわることの意味と意義

### （1）生活のなかに植物を取り入れる

　保育では，生活や遊びのなかに頻繁に植物を取り入れる。子どもの発想を生活に取り入れるには，保育者側にも柔軟な発想やセンスが求められる。例えば，子どもたちがつくった「色水」を保育室内に置く場合を考えてみよう。単にそのまま「置く」のと「飾る」のでは大きく異なる。植物がもつ独特な色合いを活かしたいと思えば，美しく，あるいはユニークな飾り方が望ましい。それは子どもの目を引き，新たなものに生まれ変わるかもしれない。日常にセンスがあふれている保育室内であれば，子どもの情操面にもよい効果をもたらす。さらに自分も工夫して飾ってみようという気持ちも生まれ，次の子どもの活動につながる望ましい循環が生まれる。

　植物と生活を考えると，行事とのつながりがみえてくる。3月の桃の花や桜餅，5月の菖蒲や柏餅，6月の千萱，7月の笹などである。これらをよく知り取り入れることで，日本の文化に触れることができる。また生活用品は自然由来の製品が多い。例えば机や椅子，紙は木を原料としている。さらに生物独自の機能を活かした製品もある（生物模倣＜バイオミミクリー＞）。しかし，現在は自然との関連が希薄であるため，自然の恩恵を感じにくい。ひいては自然に対する畏敬の念も薄れてきているのではないだろうか。生活のなかにこれらを取り入れるこ

写真9-2 ● 園庭に育つキウイ。遊びながら成長を見守り，いよいよ収穫。年長児が脚立にのぼり，ハサミを使いキウイを収穫する。それを見た年中児は「来年は自分たちの番！」と期待に胸をふくらませている。キウイはリンゴと一緒に袋に入れて甘くなるのを待つ。園の食事会のデザートに。

とで，自分自身と自然とのつながりに気づくことができ，それがSDGs（持続可能な開発目標）の達成にも結びつく。

## （2）自然の変化や不思議に気づく目をもつ

　花や実がない樹木には目が向きにくいが，四季を通じてさまざまな変化がある。おもしろい形の虫こぶができることもある。これは虫が植物につくらせた家であり，虫と植物の不思議な関係を見出せる。秋以降に葉が落ちたあとの「冬芽」は，植物に独自の「顔」をつくり，見つけると思わず笑顔になる。いずれも，「見ようとする目」がないと全く気づかない。同じように，今年はじめて鳴いたセミの声も，渡ってきた小鳥のさえずりも，「聞こうとする耳」がないと聞こえないのである。

　植物には生存戦略として，独自の生活史を有する場合が多い。このような植物の生きる工夫を併せて知ることで，植物に愛着や興味がもてるのではないだろうか。

　桜が咲く季節を心待ちにし，子どもの発見に驚き共感する。このような小さな感激を積み重ねることに，楽しみを見出したいものである。それが自分自身の感性を磨き，「自然を見る目」をもつことにつながるのではないだろうか。自然に関する直接体験を重ね，自分自身の心を動かす経験をできるだけ多く積むことが望まれる。

# 3 ■ 身近な植物とかかわる

## （1）子どもにとって「身近な」植物

　身近な植物は子どもの遊びの材料となるため，自分自身の居住地域でよく見る種類は知っておきたい。しかし，日本は東西南北で気候が異なる。例えば，チューリップを育てたい場合，本州では10月ごろに球根を植える。しかし，沖縄で花を咲かせるには，球根を2か月ほど冷蔵庫に入れ人工的に「冬」を体験させ，冷蔵庫から出すことで「春がきた」と勘違いをさせる必要がある。このように国内であっても温帯性気候から亜熱帯気候と幅があるため，身近な植物の種類は地域により異なる。保育者は自らが植物に対してアンテナをはり，「何が身近なのか」を知ろうとすることが大切である。さらに「旬の植物（開花や結実などの時期）を把握する」ことである。子どもとの間で「赤い実がほしい」「きれいな松かさを探している」というやりとりがあるかもしれない。このようなとき，旬を逃さず植物を利用したいものである。

　身近に育つ植物の名前を知りたい場合には，近年はスマートフォンのアプリでも高精度で植物名を調べることができる。この機能を利用し，季節ごとの旬の植物を把握しておくことが望ましい。しかし，名前を知るとその植物のすべてを理解したという錯覚に陥りやすい。保育において重要なのは，その植物を「自分の五感を使って知る」ことである。アプリは「視覚」からの情報しか提供しない。「におい」「葉の質

感」「味」などを併せて知ることで、その植物の特徴や生態を真に理解し、興味・関心が湧き、それが記憶の定着につながる。

### (2) 雑草の価値

身近な植物の代表格は、いわゆる「雑草」とよばれる植物である。防除の対象になりがちであるが、逆の見方をすれば、使いたい放題である。観賞用とは別に、自由に植物を採ったりちぎったりできる環境がほしい。雑草は環境に適応した植物であり、同じくその土地で暮らす昆虫類が食草とするために寄ってくる。さらにその昆虫を求め、別の生き物がやって来るというように、「食う・食われる」の関係が生じ、小さな生態系ができあがる。そこには飼育下では得られない、野生の生き物の生き生きとしたエネルギーを感じることもできる。

あえて雑草の生態にも目を向けてみよう。植物は根を張ったその場から動けないが、その環境に合うよう進化している。動けないその場で、「雑草」は逆境に耐え、踏まれても次の世代に命をつなぐため、花を咲かせて種を蒔くという生き物の使命を全うしている。このことに気づけば、雑草にも敬意を払いたくなるのではないだろうか。

### (3) 注意したい植物

身近な植物にも種類の移り変わりがある。最近よく見かけると思っているうちに、どんどん増え、ほかの植物を駆逐する場面を見ることがある。近年は外来生物が増えつつある。生態系への被害が甚大だと判断された場合には、国が特定外来生物による生態系等に係る被害の防止に関する法律に基づき「特定外来生物」に指定する。これらの動植物を許可なく飼育、栽培、運搬、譲渡などを行うことは禁止され、罰則が設けられている。特に植物においては鑑賞目的で知らずに特定外来生物を栽培することもあるため、定期的に情報を入手する必要がある[1]。

また、有毒植物にも注意したい。植物

写真9-3 ● 園で実った梅を使い、ウメジュースをつくる。子どもはようじで梅をつき穴をあけ、氷砂糖とともにビンに入れる。子どもは、ビンの中がどうなったか、毎日のように確認する。じわじわとだんだんジュースができる様子を見て、完成を楽しみにする。

---

1) 環境省等の「外来生物」の紹介サイトを定期的に閲覧し、情報収集をすることをすすめる。

自身は外敵から身を守るために化学物質により「武装」をする場合がある。誤って食べると食中毒を起こす。主に化学的防御（食べられることで食べた者に中毒を起こすなど），物理的防御（触れられることで触れた者にかぶれなどの症状を起こす）があるが，身近な植物をよく調べ，合わせて実物も見て把握する。

さらに，山菜と有毒植物をまちがえて摂取する誤食の事故も毎年あとを絶たない。野外の植物を食べる際には十分に注意したい。

### （4）保育者の自然観

持続可能な社会を見据えた自然観をもつことで，生活のなかのさまざまな場面で，子どもに伝えたり，一緒に考えることができる。生活のなかに浸透させることで意識しやすく，現在，世界的な課題とされている「持続可能な社会づくり」を実現する人材育成の助けにもなるだろう。

写真9-4 ● 身近に育つ雑草を摘んでパンケーキをつくる。ヨモギ，タンポポ，イタドリ，ハコベ，ギボウシなど。焼いて食べると，自然の味が際立つ。野草がのった各部分で味がそれぞれ違い，おいしくおもしろい。

次に紹介する場面は，自然体験活動の一場面である。おとなの発言のうち前者は，「種」は次世代に命をつなぐ術であり，命の源であることを意識させる内容である。後者はほかの生き物への配慮が含まれる発言である。このように，周囲のおとな，保育者がもつ自然観が子どもへのかかわり方に表れる。

> A児が遊びの途中でグミの実をとって食べ，「酸っぱい！」と叫んだ。一方，B児は「甘い！」と言う。A児は実をいくつか採り，手のひらに並べ，さまざまな色があることを知る。A児は「これはどうだろう？」と言いながら，色と味を確かめるようにして食べると，赤い実が一番甘かったようである。この経験から「熟す」という状態を知るのだが，さらに，おとなが言う。「タネはぷっと吐きだすとやがて芽がでて，また木になっておいしい実ができるよ」「全部食べないで，鳥のためにも残しておこうね」。

## 事例 を通して理解を深める

　子どもが，植物とのかかわりを深め，親しみをもっていく二つの事例を紹介する。一つ目は，4歳児が種採りの活動をすることにより，これまでのさまざまな体験とつなげて思い起こしている姿である。二つ目は，5歳児が草木染の体験を通して，さまざまな発見をしていく事例である。一つの体験により子どもなりの「不思議」が芽生えていく姿から，発達的な特徴をとらえることができる。

### 事例 1　○○も種なの？（4歳児9月〜10月）

台風で倒れてしまったヒマワリ。しばらく放置していると，子どもが種のできていることに気づく。テラスに模造紙を広げ，数人で種採りをはじめる。あっという間にプラスチックのお皿いっぱいになる。
園内を探すとマリーゴールドやケイトウも種を付けている。次の日はそれらの種を示すと，子どもたちは園内を駆けずり回り，自分たちで種を収穫してくる。ケイトウは種が小さくて，ビニール袋に入れにくく，周囲にまき散らしてしまうほうが多い。1週間ほど種採りの活動が続き小さなビニール袋に入れ，「種屋さん」の準備が整う。そんななか，
A児が「この前食べた（畑で収穫した）枝豆も『種』なの？」と言う。
保育者「うーん……種かな？　種って食べるかな？」。すると
B児が「ヒマワリの種は食べるよ。ハムスターが。人間も食べるかなあ」
C児が「おやつで食べたスイカの種，そこに蒔いておいたよ！」と言う。数週間後，
D児が「ドングリも種だったのか！　植えてみよう！」と言うので，保育者は慌てて植木鉢に植えるのを手伝った。数日後，
E児が「数珠玉の種ができていたよ！」と言って，未だ緑の実を袋いっぱい獲ってきた。固く，茶色になるのを待っていた数珠玉だったのに……残念。

〈考　察〉

　4月から9月，さまざまな活動を通して身近に咲いている花を遊びに取り入れ，親しんできたが，なかなか「種」の存在には気づきにくい。そのようななか，偶然ヒマワリの種に気づいたことをきっかけに，「種」の存在が話題になった。

　「種採り」という活動をしながら，子どもたちの会話がおもしろい。これまでのさまざまな自分の体験と「種」を結びつけながら子どもなりに推測をしている。子ども

① 子どもが植物にかかわり親しむ体験　　95

にとっては「種」「実」「果実」などの違いはわからないようだが，「どうやら，花が咲いた後にできるらしい」ことに気づいている。

友だちの発言がきっかけで，自分の体験の掘り起こしにもなっている。「そういえばこんなことが……」など，互いの体験を共有し，そこから自分の世界を広げたり，それらをつないだりしている姿がうかがえる。

【事例1】・〈考察〉執筆：高柳恭子（宇都宮共和大学非常勤講師）

### 事例 2 どうして染まらないの？（5歳児10月）

年長組（5歳児）の子どもたちは，色水遊びで得られたきれいな色をそのまま残したいと思った。保育者は，布にこの色を残せるかもしれないと提案した。そこで身近な植物で草木染をする活動を行った。散歩の途中で摘んだセイタカアワダチソウ，キバナコスモスの花をそれぞれ水切りネットに入れて水とともに煮出して染液をつくった。このなかに濡らした綿のハンカチを入れて20分程漬けて染色をし，その後，色止め（媒染）のために市販のミョウバンをとかしたぬるま湯につけた。セイタカアワダチソウはクリーム色，キバナコスモスはオレンジ色に染まった。染まる色が違うことに興味をもった子どもたちは，次は色が濃いヨウシュヤマゴボウで同じように染色をした。染液のなかの布は赤紫色に染まっていたが，水洗いをしたところ，布の色は抜けてしまった。

B児「ヨウシュヤマゴボウは色が濃かったのに，どうして布に色がつかないんだろう？」

保育者「ほかに，ヨウシュヤマゴボウのような実はあるかな？」

B児「園のお庭のブルーベリー。つぶすと手にも色がついたよね」

A児「ヨウシュヤマゴボウだって，手に色がつくよ。でも布には色がつかないね」

C児「ブルーベリーで染めたらどうなるんだろう？」

すでにブルーベリーは園庭にはなかったが，子どもたちは保育者が用意したブルーベリーを使い，同じように染めてみたところ，淡い赤紫色に染まった。

〈考　察〉

自然物には，独自の色素や成分を含んでおり，これらを染色に使うと特有の色に染まる。さらに，色止めに用いる媒染剤の種類によっても違う色になる。この性質を利用したのが，「草木染」である。花の色が同じであっても，植物の種類により染まる色は異なる。これは，それぞれの植物に含まれる成分の違いによるが，子どもたちは

「発色」という現象を通して，この違いに気づいている。さらに，違う色で染めたいと思い，自らの色水遊びの経験から，濃い色が得られるヨウシュヤマゴボウを使って試している。ヨウシュヤマゴボウもブルーベリーも似た色合いをもつ「果実」ではあるが，含まれる成分の違いで食用とされたり，有毒とされたりする（植物に含まれる固有の成分は植物の生存戦略である）。

　この事例では，ヨウシュヤマゴボウで「色がつかない（染まらない）」経験をしたが，保育者の対応次第で貴重な経験に置き換わる。染まらないことを「失敗」ととらえるのではなく，保育者が次の試行錯誤につながるきっかけをつくっている。

　自然物には未知の不思議がつまっている。子どもたちと一緒に保育者も，多様な経験を積み重ねてほしい。

## 子どもが虫や小動物とかかわり親しむ体験

### 1 ■ 子どもが虫・小動物とかかわる

**（1）子どもに特徴的なかかわり方**

　ダンゴムシは，子どもに大人気である。丸くなることがおもしろく，子どもの小さな指先でも捕まえやすい。さらに刺したりかみつくこともなく安全である。最初は砂場を掘ったり，植木鉢の下をのぞいてみたりして，どこにいるかを探す。やっと「見つけた！」と思ったら，このダンゴムシは丸くならない。やがて住処がわかってくるとたくさん集められるようになる。落ち葉をどかし，土を掘るとミミズがでてきた。ミミズも集めてみよう。ダンゴムシは乾いているけれど，ミミズはぬるぬるしている。落ちている枝の下にも足がたくさん生えている虫，小さい虫がたくさんいる。

　同じダンゴムシでも，子どもの年齢によりかかわり方が異なる。例えば，3歳児は捕まえて，転がしたり手の上で這わせる。4歳児になるとその動きを見るようになる。飼育をはじめることもある。5歳児ではじっくり観察し，その後，逃がす子どもも出てくる。

　梅雨の時期にはオタマジャクシがカエルになる。ぴょんぴょん跳ねておもしろい。「カエルって，泳ぐのかな？」。捕まえたカエルを水に入れてみると，逃げられてしまった。次は逃したくないので，飼育ケースにいれてみる。カエルは何を食べるのか。とりあえず，近くに生えていたキイチゴを入れてみたが，カエルは食べてくれない。ではほかのものではどうだろう？　いろいろ試し，先生と図鑑を見たりして，やっと好物にたどりつく。

小さいイモムシがいた。体をまっすぐにしたり、曲げたりを繰り返して先に進むと思ったら、ピンと体を伸ばして動かなくなる。これは枝のまねをしているらしい。

草むらを歩いたら、何かが跳ねた。ショウリョウバッタだ。草と同じ色をしているが別の場所にいるバッタは茶色だった。赤ちゃんバッタは、おとなバッタと同じ形をしている。

自然のなかで出会う生き物には、不思議があふれている。各々の生き物の暮らす場所が違うこと、好きな食べ物や振る舞いが違うことなどを知り、たくさんの「なぜだろう」が生まれ、子どもの好奇心をそそる。

写真9-5 ●5歳児が、「虫ランド」をつくっている。穴を掘り、中央にブロックをたて、ネットをかぶせ、周りを石でおおう。ここに虫を入れる。虫は上手に隙間をみつけ、脱走する。子どもは「次こそは逃さない！」。子どもと虫が本気で勝負！

### （2）ほかの生き物の存在を知る機会の大切さ

虫や小動物との触れ合いを通して、人とは違う生き物の姿を知ることができる。小動物のもつフワフワの毛を触り、「自分にはこんな毛はない」と気づいたり、「セミはなぜオシッコを飛ばすのか」など、生き物たちのもつ独自の形態や習性は、知的好奇心が湧き上がるきっかけをたくさん与えてくれる。

しかし、例えば、子どもと森で遊ぶとカブトムシは、日中でも手の届く幹にどこにでもいて、網をふるえば簡単にたくさん捕まえられると思っている場面に出会う。エサとなる樹液がある場所を好むことを伝えても、「カブトムシの餌はゼリーだ」と言い張る子どももいる。日本に野生で生息しない虫を求める子どももいるが、これはゲームの影響であろう。捕虫網で虫を捕まえても虫を触れず、自力で自分の虫かごに入れようとしない。昔とは異なる子どもの姿も散見される。

野外を駆け回り、虫を追いかけ捕まえることは、以前は普通に行われていたが、近年は昆虫採集は非日常とされる傾向がある。身近な環境の変化で昆虫採集に適する場の減少に加え、生活様式の変化により子どもを自然から遠ざける結果になったことが原因である。このことから、園における生き物との触れ合いの需要は、ますます増える傾向にある。

## （3）生き物の命を考える

　子どもたちの生き物に対する関心は強い。例えば、「虫」がいると、興味津々で集まる姿もよくみられる。虫を捕まえることがおもしろく、触ってみたい、動き回るから遊んでみたいと思う。虫をいじり回すうちに、動かなくなることがある。3・4歳児でよくみられる場面であるが、これは虫で遊んだ経験が多くある者にはよくわかるだろう。しかし、子どもの心が発達途上にある場合、特に問題視することではない。このとき、「動かなくなった」ことを気づかせたい。「死」

写真9-6 ● 園外保育でカナヘビを捕まえた。捕まえた子どもの手の上にのって動かない。この子どもはうれしくてみんなに見せる。ほかの子どもは興味津々で「触ってみたい」。おっかなびっくり、慎重に指を伸ばしている。

という感覚がわかることが大切である。この経験を繰り返し、子どもなりに「命」に気づき、生き物とのつき合い方を理解していく。やがて「死なせない方法」を考えるようになる。さらにある年齢に達すると、過去に自分が行った虫に対する残酷な行動を振り返るようになる。これは、生命尊重を深く理解するためには重要な過程である。「生き物を死なないように大切に守る」という消極的なあり方では真の意味で、生命尊重は子どもの心に芽生えないだろう。

　生き物の命の扱いには、正解が得られないことが多い。例えば、死んでしまった生き物を土に埋め、お墓をつくることがある。埋められた生き物は別の生き物が食べたり、微生物などにより分解され土に還り、やがてほかの生き物の命の源となったりする。いわば、土を介した生命の循環である。しかし、分解され形がなくなることを知らない子どもは埋めた生き物がその後どうなるか気になり、掘り返すことがある。このとき、子どもは好奇心、探究心を発揮させている。このような場面に出会ったとき、あなたならどのように対応するだろうか？　保育者を目指す者は、日ごろから命について洞察しておくとよいだろう。

　昨今、「命」に対する理解や感覚が希薄であるように感じる。ゲーム上で「死んだ生き物が生き返る」と認識している子どもも少なくない。幼児期に生と死を目の当たりにする実体験を繰り返すことで、生き物を含めた自然への理解や愛護・愛着につながる。

## 2 ■ 子どもにとって虫・小動物とのかかわりをもつ意味と意義

### （1） 生き物の飼育の留意点

　捕まえた昆虫などを飼育する場面は多くみられる。生命の神秘ともいえる産卵・孵化・変態[2]・脱皮などを目の当たりにすることは，子どもの心に大きな感動を与える。

　園で飼育する際には，多くは世話の当番を決め，餌やりや飼育ケース洗浄などを行う。この過程で責任感が養われ，思いやりの心が身につき，自尊感情が高まる効果が得られる。しかし，3・4歳児では，対象に対する興味・関心が長続きせずに，当番を決めても飽きてしまうことがある。

　飼育する際には，その生き物の本来の生息環境を正しく知り，できるだけそれに近づける環境を提供したい。これはその生き物が快適に暮らせるための配慮である。生き物も人間と同様にストレスがたまり，徐々に元気がなくなる。生き物の立場になって物事を考える姿勢は基本である。さらに餌の入手も課題であり，手に負えないと感じたらすぐに放すほうがよい。例えば，カナヘビは，比較的身近な場所に生息し，おとなしく飼育が容易といわれている。しかし，日光浴が必要で，餌は生き餌である。卵も容易に産むが，孵化した幼体の餌はその口に入る極小サイズの生き餌である。野外で餌を採取できない場合は市販品を購入することになり，その手間もかかる。自身がおかれている環境により対応や労力が異なるため，一般的に提示される難易度を鵜呑みにしないほうが賢明である。

　また，カブトムシは幼虫からも育てやすく，羽化の様子は観察しやすい。さなぎの形が独特であるため，子どもの興味をひきやすく触ってしまうことが多い。すると羽化不全[3]を起こし，ツノが曲がるなどの奇形が生まれる。

　一つの飼育ケースのなかに，同じ種類を数匹入れておくと，共食いをすることがある。これは餌不足による栄養枯渇による場合と，テリトリーを守るための行動だといわれている。保育室でもよく目にする場面であり，子どもにとっては衝撃かつ貴重な体験となるが，保育者側は，その後を想定しておき，子どもの気づきを深められる対応ができることが望ましい。


## 3 ■ 身近な虫・小動物とかかわる

### （1）子どもにとって「身近な」虫・小動物

　身近な虫には，野生の虫と購入できる虫がある。植物と同様に地域によって生息す

---

2 ）変態：卵から幼虫，幼虫から成虫などのように動物の成長過程において形を変えること。
3 ）羽化不全：羽化の途中で死んだり，奇形になること。

る種類は異なる。「食草」が決まっている虫は，その植物がないと生きられないからである。しかし，近年，地球温暖化の影響で寒い地域に温かい地域が適合する虫が進出したり，人為的にもち込まれて拡散した種類もある。

身近にいる小動物は，飼育している種類だろう。ペットショップで入手できる種類が中心となり，イヌやネコのほか，小型のほ乳動物ではハムスター，モルモットやウサギ，リスなどが一般的である。鳥類ではニワトリやアヒル，ジュウシマツやセキセイインコなどがあげられる。

写真9-7 ● カエルを捕まえてケースに入れ，じっと見る。子どもが「このカエルは緑，そっちのカエルは茶色だね」と会話しているところに，保育者がやさしく「どうして色がちがうんだろうね？」と問いかけている。

このように子どもの周りには，さまざまな虫・小動物が生息している。子どもによっては，1本の草にいたテントウムシよりも，アブラムシに興味を示す子どももいる。興味を示す対象やかかわり方はさまざまであるため，保育者側には豊富な経験や知識が求められる。わからない場合には，自らが興味をもち，子どもと一緒に体験する構えが必要である。

## （2）ほかの地域から来た生き物とのつき合い方

筆者の住む地域のある池には，水鳥のカイツブリが多く暮らしていた。あるときから，餌である小魚を池でとれなくなり，やがてカイツブリは池から姿を消した。この池の水をすべて抜くと，大量のブラックバスが出てきた。人為的にもち込まれたものだろう。これにより小魚が全滅したのである。

このように，特に外国産の生き物を野外に放すと，ほかの生き物に被害を与え，生態系が崩れる可能性がある。自然界においては人間を中心に物事を考えるのではなく，生態系についても考える必要がある。

野外で採取した生き物を飼育する際には，植物と同様にその生き物を飼育してよいかを確認したい。それが特定外来生物に指定されている場合，前述したように罰則がある。このところ多い種類はザリガニである。例えば，ミステリークレイフィッシュは単為生殖[4]するため，数を増やしやすく，住処を多く必要とする。成長速度が在来のザリガニよりも速いため，餌を大量に必要とする。また，他種間との交雑も懸念さ

---

4) 単為生殖：雌が受精することなく単独で子どもをつくること。

れ，日本の在来種の遺伝子が途絶える可能性がある。繁殖も禁止事項であり，取り扱いには注意が必要である。近年は国内外来種も問題とされている。日本国内の生き物を，それが生息しない地域にもち込むことで，その地域の生態系を脅かす懸念がある。

　さらに「メダカ」を購入して飼育をしていたが，飼えなくなったため，近所の川に放流する場合がある。一見問題はなさそうに思えるが，購入したメダカと野生メダカの遺伝子は異なる。放流により購入したメダカの遺伝子が，野生メダカの遺伝子を圧迫し，遺伝子多様性の低下，つまりメダカの画一化が進む場合がある。これにより環境の変化に対応ができず，野生メダカの絶滅につながる可能性が指摘されている。

　購入した生き物は，その命を全うさせるまで責任もって飼育をしなければならない。あるいは，自らの手で命を終わらせる覚悟が必要である。「死なせるのはかわいそうだから野外に放そう」というのはもってのほかである。

## （3）注意したい生き物

　野外には，危険生物も生息している。頻繁に人間が事故にあうケースとして，スズメバチ，ムカデ，マダニ，マムシなどがある。また，外来種のヒアリも拡散しつつあり話題になっている。それぞれの種類により，事故後の対応方法が異なるため，子どもを守る立場にある保育者は，これらに出会った際の対応方法を修得しておくとよい。基本的には，相手がいなくなるのを静かに待つか，出会わないように避ける。例えば，スズメバチと出会った場合，興奮させないように通り過ぎるのを静かに待つことが基本であるが，スズメバチが警戒音を発していた場合には速やかに立ち去る必要がある。

　危険生物の被害を避けるためには，肌を出さないよう服装を整える，黒い色の服を避けるなどの対応も必要である。

## （4）生き物と接する方法

　生き物と接する方法には，「観察」「触れ合い」の二つがある。「観察」は最も気負わずにできる接し方である。「観察力」は，保育者に求められる能力であり，子どもの表情から気持ちを読み取る，健康状態の把握をするなど，「観る」ことで必要な情報を得る。ほかの生き物に対しても同様である。観察には想像力も必須である。そして，「相手は今，何をしているのか？」「どういう気持ちなのか？」などを想像するとよい。子どもと一緒に観察するときには，それを言葉にして問いかけることで，新たな発見もあり，より興味・関心が湧くだろう。ときには子どもの発想力に驚き，意外な気づきが得られることがある。その生き物に名前をつけてみると，さらに愛着が湧く。観察し，相手が何を求めているかを想像する。その望みに応えようと行動を起こ

し，検証するという一連のサイクルは，科学的思考の基礎となる。

野外で採取した生き物を観察したあとは，元いた場所に戻してあげよう。そのまま放しても自分で戻っていくが，あえてそうすることで生き物が生きる場所にはそれぞれ適切な場があることを伝えられる。

小動物や生き物と触れ合う際には，相手が嫌がることをしないのが基本である。人間同士で交流をするときと同じである。例えば，カマキリの脇腹あたりをもつと，前脚で攻撃をしてくることがある。これは嫌がっている証拠である。お尻を軽くつつくと，自らの手のひらなどに移動する。暗くすると落ち着く虫には，手のひらでそっと覆い，10数えたあとに覆いをとる。また，冷たい水中で暮らす生き物は，人の体温でやけどをすることがある。触る場合は自分の手を水温と同じにするとよい。このように生き物ごとに対応が異なるが，これは経験を積むことで修得するしかない。

### （5）保育者として生き物に接する

生き物を扱ううえで，多くの場合に課題となるのが「虫」の存在である。保育を目指す学生にも「虫嫌い」が多い。嫌う理由の代表的なものに「怖い」があげられるが，虫にとっては自分の数百倍の大きさである人間のほうが怖いのである。

すべての生き物は自然界では重要な役割を担い，「いなくてもいい」生き物は存在しない。これを踏まえ，保育者は生き物をていねいに扱わなければならない。例えば，卵パックに入れたダンゴムシや小さなハムシが，保育室内で直射日光下に置かれ蒸し焼きにされていることがある。一方で，カブトムシには快適な暮らしが保障されている。気づかないうちに，保育者の生き物に対する考え方が表れる場面がある。

しかし，人間に害を及ぼす生き物に対しては，どう接するべきだろうか。例えば，園庭の桜についた毛虫を駆除する場合，子どもに見せないように処理する園と，あえて駆除の場面を見せ，理由を伝える園がある。これに関しても正解はないだろう。

知的好奇心や探求心を育む対象は，子どもだけではない。あなた自身はどうだろうか。私たちおとなも生涯にわたり，この気持ちをもち続け，探求を繰り返して成長を続けるべきである。

## 事例 を通して理解を深める

子どもが，虫や小動物とかかわることを通して，さまざまな気づきを生み出す事例を紹介する。一つ目は，4歳児が小さなカエルに出会い，見る⇒触れる⇒試すという行動を通して愛着が芽生えていく事例である。二つ目は，5歳児が毎日世話をしていたザリガニとのかかわりを通して自然界の不思議に気づきはじめた事例である。

② 子どもが虫や小動物とかかわり親しむ体験　103

## 事例 3  カエルはどのくらいジャンプできるかなあ（4歳児6月）

雨上がりの朝，子どもが昨日河原で獲ってきたという親指の爪ほどの大きさの
カエル20〜30匹を持ってきた。早速，数人で見られるように深さのあるタライ
に放し少し水を張り，大きめの石を入れ，カエルの動きを観察できるように工
夫した。

タライを囲んで7〜8人で見ている。A児が「乗った乗ったねえ」と言うと，
次々に「乗った乗ったねえ」と笑顔で復唱する。B児が「すいすいすーい」と言
うと，また同じ調子で次々に復唱している。①

C児が「カエルはどのくらいジャンプできるかなあ」と言いながらカエルを手
にし，いろいろなところからジャンプさせてみる。ベランダの段差，バケツ，
ベンチ……滑り台の手すりや踊り場から……ジャンプさせてみる。②　着地面
が芝生だったためか，カエルは元気。満足するとカエルをポケットに入れ，自
分も滑り台を滑ったりしながら，しばらく園庭で遊ぶ。③　遊びに満足したの
か，カエルを水の張ってあるタライへそーっと返す。④

〈考　察〉

　カエルは身近な生き物で，どこの園でも親しんでいると思う。カエルのユニークな
動きは見ているだけでも楽しい。この事例では，見ることから試しの過程でどんどん
カエルへの愛着が湧いてきている姿がとらえられる。

　①では，カエルのユニークな動きを子どもなりの言葉で表現し，それを友だちと共
有する楽しさを味わっている。カエルが大きな石に飛び乗ったところを「乗った乗っ
たねえ」と表現している。

　②は，「カエルはどのくらいジャンプできるのか」というC児の不思議とその試し
の場面である。ともすると，保育者が「かわいそうでしょ。死んじゃうよ」と命の大
切さを教え込んだり，すぐにやめさせようとしたりしてしまうが，子どもがカエルと
のかかわりを深めるなかで自ら大切に扱っていくようになる子どもの姿を見守ってい
く援助が求められる。

　③は，まさに愛着をもったカエルと共に園庭で遊んでいる姿である。②の活動の満
足度がうかがえる。

　④は，さらにカエルへの愛着がうかがえる行動場面である。

## 事例 ④ ザリガニの水替え：生き物当番から（5歳児4月〜6月）

年中組では興味・関心の向きが多様なので，学級で生き物を継続的に飼育する経験はしていない。時機に応じて，オタマジャクシやダンゴムシ，アオムシ等を短期間飼育することはあった。

年長組になり，A児が持参したザリガニを学級で飼育してほしいと要望を受け，学級で飼育することとなった。4月ごろはもの珍しさもあり，保育者と共に数人が生き物の世話をすることを楽しんでいた。A児は自分が持参したこともあり，登園すると数人の友だちと餌をやったり，テラスを歩かせたりして遊んでいる。

5月になると，一人ひとりの申し出により，学級のなかにさまざまな「係」が生まれてくる。椅子並べ係，電気消し係……等自分のやりたいことを見つけ「係」ができてきた。A児と数人の友だちは「生き物係」になった。「係」といっても，これまで通りザリガニに触れて遊んでいる。

6月末ごろになると暑い日も続き，一日で飼育ケースの水は臭くなる。「係」にも飽きてきたのだろうか。保育者と水替えをしながらA児が「先生，どうしてGパークのザリガニは水取り替えなくていいんだろう？」①とつぶやく（Gパークとは河川敷にある自然公園で細い水路にザリガニが生息している）。保育者は「Gパークってどんな所？」と聞いてみる。② B児「小川でね，草の陰にザリガニが隠れているの」。A児「川は流れているんだけど，底までよく見えるの」。C児「陰を棒でつつくとザリガニが出てくるときがある！」。

次の日から3人は，園庭の隅の土面を掘り，直径70cmほどのザリガニランドをつくりはじめた。③ 草を植え，Gパークで見た水路のような雰囲気のなかにザリガニを放し飼いにしようという構想である。

### 〈考 察〉

ザリガニを継続的に飼育することを通して，自然界で生きるザリガニと飼育ケースで生きるザリガニとを比較し，ザリガニが生息する環境に関心を抱いた事例である。

①のつぶやきは，生息する環境への関心の深まりであり，自然界の浄化作用に気づいた発言ととらえることができる。

②の保育者の発言にはどのような意図があるのだろうか。「浄化作用」という言葉を使わずして，自然のなかでザリガニが生息する状況を子どもたちの体験から引き出している。

③の「ザリガニランドをつくる」という発想に対して，保育者はどのように対応し

たらよいのだろうか。ザリガニを飼育するためには，より自然界に近い状況のなかで
ザリガニと触れ合いたいという子どもたちの願いが「～ランド」という表現なのだろ
う。少しでもザリガニが喜ぶようにという愛着心からの提案だろう。

　子どもは，このような活動を通して，次第に生き物の生態の特徴について気づき，
親しみをもち，さらに関心を深めていくのではないだろうか。

　　　　　　【事例3・4】・〈考察〉執筆：高柳恭子（宇都宮共和大学非常勤講師）

# 第10章 自然体験活動を通して育つ感性

### 本章で学ぶこと

身近に起こる自然現象や季節の変化，自然物，ときには生活空間から離れたところにある大自然などとかかわるなかで，子どもはどのようなことを感じているのだろうか。子どもにとって新鮮なものや出来事との出会いを保育者として理解し，感動や気づきに寄り添うことで，子どもの感性が豊かになっていく。その感性が豊かな表現につながることもある。

本章では，子どもが周囲の自然事象などをどのように感受し，それを保育者がどのように読み取ったり接したりしているのかについて学ぶ。また，そのことを通して，自然とのかかわりが，子どもたちの感性に及ぼす内容について考えていく。

## 季節の出来事や自然現象にかかわる体験

### 1 ■ はじめて感じることや気づくことに共感し寄り添う

　子どもの遊びや生活の周囲にある環境は，動植物といった実体があるものばかりではない。子どもは，それを目で見たり（視覚），耳で聞いたり（聴覚），鼻で嗅いだり（嗅覚），肌で触れたり（触覚），舌で味わったり（味覚）しながら，自然に受け止めている。

　レイチェル・カーソン（Carson, R.）は著書[1]のなかで，次のように述べている。

> 子どもたちの世界は，いつも生き生きとして新鮮で美しく，驚きと感激に満ち溢れています。残念なことに，私たちの多くは大人になるまえに澄みきった洞察力や美しいもの，畏敬すべきものへの直感力をにぶらせ，あるときは全く失ってしまいます。

　子どもが元来もっている「直感力」を，レイチェル・カーソンは「センス・オブ・ワンダー ＝ 神秘さや不思議さに目を見はる感性」とよんでいる。この感性をおとな

---

1) レイチェル・カーソン，上遠恵子訳『センス・オブ・ワンダー』新潮社，1996, p.23

は忘れていることが多い。子どもが感じていること，理解しようとしていることに心を傾けられるようになるために，子ども特有の理解の在り様を知る必要がある。さらに子どもとかかわるおとなとして，保育者自身も感性を磨いていけるとよい。

梅雨時期に気温と湿度が上がると蒸し暑いと感じること，晴れた日に雲が太陽を遮ったとたん，全体が暗くなる感覚，強い風が吹いたときに木々の葉が擦れ合う音，9月から10月にかけて，街を歩いていて気づくキンモクセイの香りなど，私たちの身の回りには多くの自然現象があり，子どももそれに包まれて生きている。おとなにとっては当たり前のことでも，子どもは経験が少なく，そのような出来事や事柄に対して感動することがある。おとなでもはじめて出会う雄大な景色や出来事には，心を動かされるはずである。しばしばおとなは，自分が子どものときに抱いた感覚を忘れていることが多く，子どもたちが身の回りで起こっていることについて得ている感覚を理解することはむずかしい。

筆者が3歳児の担任をしているときに，保育中に初雪が降った。前年も雪は降ったが，3歳児は驚きの目で雪を見た。そのあと，靴を履き，いつまでも雪の降る園庭にいた。手を広げてみたり，上を向いてみたり，服についた雪をそっと触ってみたり，走ってみたり，歩いてみたり……。一年前にも雪は降ったが，そのときの記憶はないのだろう。子どもにとっては，雪から得られる感覚ははじ

写真10-1 ● 園庭で雪から得る感覚を味わう

めて味わうものである。このとき，子どもは何を感じたか考えてみてほしい（写真10-1）。

子どもは，心動かされた体験をさまざまな形で表現している。それは，表現だと気づかないようなものもある。心を動かされれば動かされるほど，子どもはそれをだれかに伝えようとし，表現も大きくなる。保育者は常に，子どもが感じていることについて思いを巡らせ，その思いに共感しようとする姿勢をもちたい。同じ出来事に触れても，おとなと子どもでは感じ方が異なるだけでなく，子ども同士でも感じていることは異なるものである。また，その感じたことの表現の仕方も一人ひとり異なる。子どもの言葉や仕草に表現された思いや気づきを受け止めるおとなの存在が重要である。だからこそ，子どもの表現を受け止める保育者の感性が問われるのである。

表10-1　身の回りの季節の出来事や自然現象の例

| 気　候 | 暑い，寒い，涼しい，蒸し暑い，など |
|---|---|
| 気象現象 | 日光，雲，影，雨，雪，霧，虹，雷，氷，夕焼け，など |
| 季節を感じる出来事 | 芽吹き，開花，新緑，入道雲，夕立，紅葉，落葉，結露，霜，霜柱，氷柱，冬芽，など |
| 耳で感じられるもの | 雨の音，風の音，虫の声，鳥の声，など |
| 鼻で感じられるもの | 花の香り，雨のにおい，草のにおい，など |

## 2 ■ 関心をもってかかわり，遊びに取り入れる

　子どもは，自分の関心が寄せられることに対しては繰り返しかかわろうとし，それが楽しければ遊びになる。しかし，子どもはみな，すべての出来事に自ら興味をもち，心を動かすとは限らない。光，風，音，色，水など，身の回りにあるものや自然現象を感じるきっかけづくりをしていくことも，保育者として必要な援助である。

　例えば，散歩の最中に「今日は風が気持ちいいね」「おもしろい形の雲だね」「木の間からお日様がキラキラ見えるね」「水たまりに空が映っているね」など，保育者が言葉に出すことで，子どもも気づくきっかけになる。そうすると，子どもは立ち止まってみたり，自ら興味をもってかかわろうとしたりすることにつながる。

　また，言葉がけだけではなく，物や場所を用意することで自然現象を感じられるようにする場合もある。風を視覚的に感じられるように，旗やのぼりのようなものを設置しておくことで，風の強さを目でも感じることができる。また，子どもが風に興味を抱いたと読み取ったならば，風車をつくれるような道具や素材を用意しておくと，風を感じることができる遊びがはじまるだろう。

　子どもが，自然現象に興味をもちかかわるきっかけをつくるには，保育者自身にも豊かな感性が必要である。身の回りの自然現象や季節の変化に意識を向け，自分の感じたことを発信していくことで，子どもも興味をもつことができる。保育者は，子どもがそこから何を感じ，どのように表現するかをていねいに受け取り，気持ちや言葉に共感し寄り添うことで，子どもが感じたことを表現したい気持ちを受け止めていくことができる。このときに大切なことは，前項で述べたよう

写真10-2 ●春の訪れを感じる

に，子どもは子どもならではの感じ方で出来事を受け止めているということを忘れないことである。そして，繰り返しかかわったり遊んだりするなかでさまざまな出来事を感じ取る経験を重ねていくことで，保育者も子どもも，つい見過ごしてしまいそうな小さな出来事にも自然と心を留め，気づくことができる感性が身についていくのである。

## 3 ■ 理解すること・空想すること

「風はどこからくるのか」と子どもに尋ねられたら，どのように答えるだろうか。相手が中学生や高校生であれば，上昇気流と下降気流によって引き起こされる空気の流れが風となって感じられるということを説明することができる。しかし，相手が4歳児であったらどのように言葉をかけるだろうか。

4歳児と接したことのある人であれば，「風の神様が大きな袋のなかから風を送っているのかもしれない」「北風小僧が風を連れてくるのかもしれない」など，さまざまな伝え方を考えるだろう。子どもは身の回りで起きている出来事を五感で感じ取り，自分なりの方法で理解しようとする。その際には，科学的な理解を得ている場合もある。例えば，水が高いところから低いほうに流れることは，砂場での遊びや水遊びなどの体験を通して理解をしている。

しかし，すべてのことを科学的な因果関係として理解しているかというと，そうではない。子どもには子どもならではの理解の仕方がある。子どもは，身の回りに起きていることや自然物に，まるで生命や意思があるかのようにとらえていることもある。これを「アニミズム」とよび，子どもはすべてのもの，動くもの，自分の力で動くものなどに，生命や意思があるととらえていると考えられている。また，さまざまな思い込みや，子どもなりの理論でとらえていることもある。空想の世界と結びつけて，現実には起こり得ないことを，さも当たり前のように考えて話をしたり，これまで体験してきた別のことと結びつけて考える場合もある。

### 事例 を通して理解を深める

#### 事例 1 黄色い世界と紫の世界（5歳児4月）

「先生，黄色い世界，見たことある？」A児が突然，尋ねてきた。5歳児に進級して間もない4月のことである。Z保育者は「うーん，ないねえ」と答えた。A児は「ないの？　こんなに近くにあるのに？」とうれしそうに続ける。「じゃあ

見せてあげよっか」と，A児は戸外へとZ保育者を連れ出そうとする。A児について行くと，園内のアブラナが咲いている一帯に案内された。「ほら，黄色い世界！」。A児は自慢げにZ保育者にアブラナの一帯を見せる。「わあ，本当だね。本当に黄色い世界だねえ」とZ保育者が驚いてみせると，A児はさらに自慢げに，「じゃあ，紫の世界は見たことありますか」と尋ねてきた。Z保育者には，園内の別の場所に咲いているハナダイコンの一帯が思い浮かんだが，「黄色の世界とは別に紫の世界もあるんですか？」と返答をする。「はい，あります」と，A児は駆け出した。Z保育者もついて行くと，ハナダイコンの一帯の前に到着した。「はい，ここが紫の世界」とA児は満足そうに手を広げてZ保育者に見せた。Z保育者は「本当だ，一面の紫の世界だね，うちの園にはいろんな世界があるんだね」と感心する。するとA児は，ハナダイコンを見ながら「幼稚園はね，子どもの世界」と続けた。Z保育者はその言葉に驚きながら，「そうか，子どもの世界か。楽しそうだねえ。私はもうおとなの世界の人だからなあ。」とつぶやいた。するとA児は「ちがうよ，先生は幼稚園で一緒に遊ぶし，おもしろいこといっぱい知ってるし，仲間でしょ。だから子どもの世界の人だよ」と説明した。

写真10-3 ● 黄色い世界（アブラナの咲いている一帯）

写真10-4 ● 紫の世界（ハナダイコンの咲いている一帯）

〈考　察〉

　園内にある植物は，自生しているものもあれば保育者が栽培しているものもある。保育者にとってみれば当たり前のものかもしれないが，子どもたちにとっては，心を動かされる場合もある。A児は園内に咲き誇るアブラナの一群やハナダイコンの一群を見て，おとなが感じるよりも大きく，広く，強く，花の存在を感じ取ったのではないだろうか。その感覚が「黄色い世界」「紫の世界」という言葉に表現されているのである。幼稚園内の一角に咲いているだけのアブラナやハナダイコンであるが，A児

にとっては，世界中が黄色いアブラナや紫のハナダイコンで埋め尽くされているような感覚なのだろう。

　子どもは，身体的に小さいため，おとなとは視点が異なり，見える景色も異なる。しかし，物理的に見え方が異なるだけではなく，その感じ方が異なっているということを理解し，ていねいに対応ができるようにしたい。

---

**事例2　雨音が楽しい（4歳児7月）**

シトシトと雨が降っている。4歳児のB児は，テラスから外を眺めている。かれこれ5分は外を見ている。Y保育者も隣に座って一緒に見てみる。B児は「ねえ，外に出たらだめなの？」と聞いてきた。「え？　いいよ，どうして？」と聞くと，B児は「あのね，新しい傘なんだよね」と言う。「それはうれしいねえ。行っておいでよ」とY保育者が言うと，B児はさっと駆け出して傘をさして戸外へ出た。B児は傘をさし，傘を見上げながら，ゆっくりと歩いている。Y保育者がテラスからその様子を見ていると，そばへ寄ってきて，テラスの上の軒から落ちる雨だれを傘に当てる。傘に雨垂れが当たり，少し大きな音が鳴る。B児とY保育者の目が合うと，B児はニヤリと笑う。Y保育者も微笑み返すと，B児はまた歩きはじめる。園庭に枝垂れ桜があり，B児はその下に行くと，ジャンプして傘を枝垂れ桜の葉にぶつけ，そこから落ちる雨垂れの音を聞いている。何度も繰り返し，その音を楽しんでいた。

写真10-5 ●雨垂れの音を聞くB児

---

〈考　察〉

　おとなは雨の日を，外で遊べずに残念な日だととらえがちである。しかし，子どものころの，新しいお気に入りの傘や，長靴，レインコートを買ってもらった日のことを思い出してみてほしい。早くそれらを身につけて雨のなかを歩いてみたいと思ったことが，だれでも一度はあるものではないだろうか。

　B児は買ってもらった傘を使いたくて，雨を見ていたようだ。しかし，5分もテラスから雨を見ていたという状況からは，その間，雨というものをさまざまに感じ取っ

ていたとも読み取れる。シトシトと降る雨の音，晴れている日とは異なる空の色，濡れた遊具，湿った地面の色，雨が降ったときの独特のにおいなど，子どもは五感を使って雨という出来事を受け止めている。B児も雨を見ながらさまざまなことを感じていたのである。

保育者の言葉を受けて傘をさして戸外に出たB児は，傘をさして歩きながら，傘に当たる雨音を聞いていたのだろう。その後，テラスの軒から落ちる雨垂れを傘に当て，少し大きな音が出ることを感じ，そのおもしろさを保育者に伝えようとしている。音の違いに気づいていると感じ取った保育者がB児と目を合わせることで，B児は安心して次の行動に移っていることがわかる。

この事例では，B児は傘をさしたことで聞こえてくる音に興味をもち，それを楽しもうとしている。枝垂れ桜の木の下での行為からも，自分がジャンプをして枝に傘を当てて，枝についている水滴をわざと落とし，それを傘に当てて音を出そうと試みていることがわかる。

雨は一見マイナスなイメージをもつかもしれないが，畑の作物や園内の草花にとっては必要不可欠なもので，それにより育まれる命がたくさんある。子どもたちにとっても，雨からの発見や楽しみが生まれることもあるという視点をもちたい。

### 事例 3　紅葉を感じる（5歳児12月）

12月，5歳児のC児は，園庭に落ちている葉を集めている。赤く色づいた葉，オレンジの葉，黄色の葉，まだら模様の葉，さまざまである。C児は一枚ずつ選ぶように集めながら，重ねて手にもっている。X保育者もC児と一緒に集めてみると，「これきれいでしょ。これもきれい，これも」と，何枚もの落葉を見せてきた。X保育者は「本当だね。全部違うね。ちょっと並べてみようかな」と言うと，着ていた黒い上着を脱いで地面に広げた。そして，「これは赤いからこの辺，これは黄色いからこの辺……。と，色ごとに分けて置いていった。それを見たC児は，「私も」と，自分の集めた葉を並べはじめた。ほかの子どももやってきて，それぞれが拾った葉を並べはじめると，きれいなグラデーションができた。

写真10-6 ● 子どもたちが並べた落葉

〈考　察〉

　街中や園内の木々が黄色や赤に色づくと，おとなは秋の訪れを感じる。これは，何年も日本で生活するなかで，繰り返し紅葉を体験してきたから感じられるものである。子どもたちは生まれてから数年しか経っておらず，「紅葉＝秋」という感覚を必ずしももっているとは言いきれない。ただ目の前にある葉が，赤やオレンジや黄色であることを楽しんでいる。

　C児も，さまざまに色づいた落ち葉を見て，集めることを楽しんでいる。その日に突然すべて葉が色づいて落ちたわけではなく，段々と色が変わってきているのだが，C児にとっては，今日が落ち葉の色に気がついた日なのである。落ち葉の色づき方は，よくみると一枚ずつ異なりどれも興味深い。C児はその模様や形，色のバリエーションを楽しみ，集めているのである。

　X保育者が黒い上着を脱いだ行為から，紅葉した落ち葉の色が，より際立ち美しく映えるようにという配慮が読み取れる。園庭や公園など，紅葉した落ち葉のある場所は地面が土であったり，ほかの落ち葉が落ちていて，一枚一枚の色や形が背景に紛れてしまう。そのような際に，黒や白の大きめの布を一枚敷くだけで，葉や木の実などの色や形がわかりやすくなる。

　落ち葉を使った遊びはたくさん考えられるが，C児をはじめとした子どもたちは，その色を楽しもうとしている。保育者は子どもに自然がつくる美しい色合いを十分に感じ楽しめるように援助するとともに，保育者も一緒に楽しめるようにしたい。

### 事例 ④ だれが落としてるんだろう（3歳児11月）

11月に3歳児と散歩をしていると，E児が立ち止まり上を見上げながら，ヒラヒラと落ちてくる木の葉を見ていた。V保育者は，「葉っぱが落ちてくるねえ」とE児のそばにしゃがんで一緒に上を見上げている。E児は「いつ落ちるか見てるの」と言って，木の枝から葉が離れる瞬間を見ようとしている。V保育者は，「そう，いつ落ちるのかねえ」と一緒に上を見上げている。木の葉は次々と落ちてくるのだが，なかなかその瞬間を見届けることができない。

ほかの子どもの散歩の列は先に行ってしまい，E児とV保育者は集団から離れてしまった。V保育者は「なかなか見えないね。見ようと思うと，見えないね。何でだろうね」とE児に尋ねた。E児は上を見つめたまま，「隠れてるのかな」とつぶやいた。V保育者は「だれかが？　隠れてるの？」と聞くと，E児は「だれが落としてるんだろう」と続けた。それを聞いたV保育者は「そうね。だれが落としてるんだろうね。おとなには見えない小さい小さい人が，葉っぱを落

114

としてるのかな」と，木々の間を探すように見上げながら言った。E児は，「もう行っちゃったかもしれない」と言い，ほかの子どもたちのあとを追いかけた。

〈考　察〉

　事例4は，子どもたちが空想の世界と現実とを行き来しながら身近な出来事を受け止めている事例である。

　E児は上から落ちてくる木の葉に気がついた。V保育者は，散歩の途中で集団から離れてしまうことを気にかけながらも，E児のそばで一緒に木の葉の様子を見ている。いつ落ちるかという疑問について，V保育者はその答えを示すのではなく，「何でだろうね」と一緒に考えながら見上げていた。その後，E児が「隠れてるのかな」という言葉を発したことで，E児が空想の世界で出来事をとらえていることに気づいた。そこで，E児の世界を理解しようと，「だれかが？　隠れてるの？」とE児の思いを汲み取ろうとした。E児は保育者の質問に答えるわけではなかったが，「だれが落としてるんだろう」と，木の葉を落としているだれかがいるのかもしれないという思いを表現した。V保育者は，その思いに共感し，おもしろがり，目に見えない小さな人が葉を落として回っているのかもしれないという，V保育者なりの空想の世界をE児に伝えている。

　おとなはさまざまな出来事に対して経験や知識で理解をしようとするが，子どもはそうとは限らない。子どものつぶやきに耳を傾け，子どもが空想の世界を楽しんでいるのであれば，保育者もその世界を一緒に楽しむ感性と遊び心をもちたい。

## 2　大自然にふれる体験

　やわらかい新緑の木々と美しい木漏れ日，青く澄んだ海と白い砂浜，涼しげな川の流れと心地よいせせらぎ。こうした豊かな自然を目の前にした子どもは，目をきらきら輝かせながら，これからはじまる体験に心を躍らせ，ドキドキわくわくといった興奮が全身からあふれ出している。

　海や川，森といった大自然は，多くの子どもにとって，ふだんの生活ではなかなか味わえない刺激的な環境である。特に，自然のなかで遊ぶ機会が少なくなっている今の子どもにとってはなおのことである。もちろん，園庭や近くの公園などにある小さ

な自然であっても，好奇心旺盛な幼い子どもなら，おとなにはない瑞々しい感性を働かせ，身近な自然の不思議さや驚き，おもしろさ，美しさなどを敏感に感じ取ることができるであろう。しかし，海や川，森などの非日常的な大自然には，幼い子どもの好奇心や冒険心をくすぐり，新しい遊びに挑戦してみたいという意欲や，自ら遊びを考えたり工夫したりする創造性，それらの遊びを実際にやってみようとする行動力といった子ども本来の能力を引き出してくれる魅力的な素材にあふれている。また，豊かな自然のなかで，目を輝かせ，生き生きと遊ぶ子どもの姿は，普段の生活ではみられない新たな一面や成長を保育者に気づかせてくれる絶好の機会となる。

## 1 ■ 豊かな自然のなかでの遊び

「あっ，どんぐり！」「でっかい葉っぱ！　なに，これ！」「バッタ，捕まえたい！」。森に足を踏み入れた瞬間，心のなかに湧き出てくる感情が次々と言葉になって表れてくる。「あとで，あの木に登っていい？」と保育者に尋ねてくる子どももいれば，「ねえ，あとで一緒にあっち行こう……」とひそひそ話をはじめる子どももいる。

森に遊びに来た子どもは，豊かな自然のなかに身をおくだけで心がわくわくと躍り出す。そして，保育者が「さあ，遊びましょう！」と声をかけると，子どもは一斉に森のなかへ駆け出していき，木登りをしたり，岩の上からジャンプしたり，どんぐりやキノコを探したり，小さな虫を捕まえたりと，思い思いの場所で好きな遊びをはじめる。自然環境が豊かであるほど，一人ひとりの興味や関心に応じた自然とのかかわりを楽しむことができ，豊かな自然のなかで行われる多様な遊びを通じて，子どものしなやかな心や体が育まれていく。

### （1）多様な動きを生み出す

海や川，森といった自然環境は変化に富んだ環境である。豊かな森のなかを見渡すと，さまざまな大きさや形の木々があちらこちらに生えていたり，地面からは木の根や切り株，岩などが出ていたり，倒木が落ちていたり，斜面があったり，たくさんの落ち葉や枝が地面を覆い尽くしていたりする。雨が降ったあとは水たまりやぬかるみができ，滑りやすいところもできたりする。

このような自然環境のなかで，走ったり，すべったり，登ったり，くぐったり，飛び降りたり，ぶら下がったりと夢中になって遊び回ることで，子どもは遊ぶ環境に合わせて多様な動きを自ずと経験していくことになる。幼児期は，神経系機能の発達が著しい時期である。遊びを通じて繰り返し多様な動きを経験することで，子どもはさまざまな身のこなしができるようになり，場に応じて体の動きを調整したり，粘り強

く取り組んだり，疲れてもすぐに回復できるしなやかな体が育まれていく。子どもの多様な動きを生み出す大自然の特徴を，表10-2にあげる。

しかし，自然のなかに子どもを連れ出せば，必ずしも多様な動きが生まれるわけではない。子どもの多様な動きを生み出すためには，①安全であること，②安心であること，③自らかかわりたくなる魅力があること，④友だちの姿ややっていることがみえること，⑤十分な広さと時間があることに留意し，活動環境を構成することが大切である[2]。

**表10-2** 子どもの多様な動きを生み出す大自然の特徴

〈森って，園庭や公園とどこが違うの？〉
○平らなところがない：その場に合わせた姿勢やバランスが必要になる
○スケールが大きい，場所が広い：開放感を感じ心も体ものびのびしてくる
○遊び方が決まっていない：さまざまな遊びを自由な発想で展開できる
○木々は同じものがひとつとない：大きさや太さなど，自分にあった遊べる木を探せる
○さまざまな植物や昆虫に出会う：探したり捕まえたりするなかで，夢中で体を動かす
○身近な道具で遊びが広がる：ロープがあるだけでぶら下がったり斜面を登れたり遊びが広がる

〈雪が降り積もった森って，春から秋の森とどこが違うの？〉
○歩くと足跡が残り「ギュッギュッ」と音も出る：歩くだけでも楽しい
○滑ったり埋まったりとても歩きにくい：筋力やバランス感覚を高める
○転がっても痛くない：思い切った動きを繰り返し楽しめる
○急な斜面も登れる：体を移動するために足だけではなく，手や全身を使う
○滑る：普段感じられないスピード感やスリルを味わうことができる
○さまざまな形になる：丸めたり，固めたり，くっつけたり，イメージを形にできる

〈水道の水，プールの水にふれる体験と，海や川，沢の水にふれる体験って，何が違うのだろう〉
○流れや波など水に動きがある：肌で流れを感じることができる
○水のなかを歩くと抵抗がある：歩くだけで体力を使う
○磯場や河原など足場の悪いところがある：自然とバランス感覚が養われる
○魚やカニなどさまざまな生き物がいる：のぞき込んだり潜ったり夢中で探し回る

資料：国立青少年教育振興機構「『しぜんであそぶ！』まるわかりガイドブック──『場』と『きっかけ』から身に付く36の動き」2018，pp.31-32をもとに筆者作成

2）国立青少年教育振興機構「『しぜんであそぶ！』まるわかりガイドブック──『場』と『きっかけ』から身に付く36の動き」2018，p.30

## （2）試行錯誤を繰り返すことで，しなやかな心が育まれる

　自然のなかで遊んでいると，子どもは目に映るさまざまなことに興味をもち，気の向くままにいろいろなことに挑戦したり試したりしながら，遊びに没頭していく。ときには，自分の思い通りにいかないことやうまくできないこともある。しかし，それはある意味，遊びの楽しさでもあり醍醐味でもあり，遊び込むよいきっかけになる。

　豊かな自然環境は，人間がつくり出した環境ではないからこそ，子どもにとって魅力的で楽しい遊び場になる。しかし，それは同時に，人の思い通りにコントロールすることができない環境ということでもある。たとえば，虫を捕まえようとしても，そう簡単に捕まえることはできない。虫も人間に捕まらないように必死なのである。豊かな自然のなかで遊び込むためには，子ども自身がその環境にあわせて遊べる力を身につけていかなければならない。

---

### 事例 5　バッタ捕まえた（5歳児9月）

河原で遊んでいると，「バッタを捕まえたい」とA児が言い出した。どうやら，B児が大きなバッタを捕まえたのをみて，自分も捕まえたいと思ったようである。そこで，一緒にバッタを探しにいくが，なかなかみつけられない。やっとバッタをみつけても，捕まえる前に逃げられたり，おさえた手の隙間から簡単に逃げられたりしてしまう。A児はあきらめずに何度も捕まえようとするが，うまくいかない。しかし，周りの友だちの様子をみながら，何度も繰り返していくうちに，バッタに気づかれないように気配を消し，ゆっくりした動きで捕まえようとするようになっていった。息をひそめ，静かにゆっくり近づきながら，パッと捕まえる。それを何度も繰り返しているうちに，やっと大きなバッタを一匹捕まえることができた。バッタを捕まえたA児は，満足げな表情でバッタをつまみ，虫かごに入れていた。

---

　A児は，自分もバッタを捕まえたいという思いから，あきらめずに何度も挑戦するうちにバッタの習性に気づき，自分なりに捕まえるための工夫を考え，試行錯誤を繰り返しながらコツをつかみ，バッタを捕まえられるようになった。思い通りにいかない失敗の経験は，ときに子どものこだわりを生み，主体的な遊びにつながる。A児はバッタを捕まえたいというこだわりから虫取りに没頭し，遊び込むなかで自分自身の力でやり遂げたという充実感や満足感を味わうことができた。その心情は満足げな面持ちにも表れている。こうした自分の力でやり抜く経験は，その後の活動への自信に

もつながり，何事にも前向きに辛抱強くやり通そうとするしなやかな心を育む糧になる。

子どもが成長し自立していくためには，実現や成功といったプラス体験はもとより，葛藤や挫折といったマイナス体験も含め，「心の原風景」となる多様な体験を経験することが不可欠だといわれている。保育者は，子どもの言動や表情から，今，何を感じているのか，何を実現したいと思っているのかを受け止め，試行錯誤しながら自分の力で課題を乗り越えられるよう，状況に応じて「見守る」「認める・共感する」「提案する」といった援助をしていくことが大切である。

写真10-7 ● 虫かごに入れたバッタを見ながら「バッタ，つかまえたよ」と満足げな表情を浮かべている。

## （3）協調性やコミュニケーション力

最近の子どもは集団で遊びに熱中し，ときには葛藤しながら，互いに影響し合って活動するといった機会が少なくなってきているといわれている。しかし，森で遊んでいる子どもをみていると，「だれがいちばん早く上れるか競争ね，よ〜いドン！」といって坂道でかけっこをはじめる子どももいれば，友だちと一緒に木の枝を持って森の探検に出かけたり，葉っぱや木の実，土などを使ってごっこ遊びをはじめたりする子どもの姿もよくみかける。

自然のなかには，園庭で遊んでいるような遊具はない。そのため，環境に応じて遊びを考え，その場を楽しもうとすると，自ずと友だちを誘って遊ぼうとすることも多くなる。その際，友だち同士で遊ぶ内容や場所を決めたり，ルールなどを話し合ったりすることも多くなるため，協調性やコミュニケーション力も身についてくる。自然のなかでは何もないからこそ，子どもならではの発想力や想像力を発揮し，友だちと一緒になってその場にあるものをうまく使いこなしながら遊ぶようになっていく。

子どもが友だちと協同して遊ぶよう

写真10-8 ● よ〜いドンっ！ 落ち葉が溢れる森の斜面を両手・両足を使って全力で登る子どもたち。誰が一番早く登れるか競争だ。

になるためには，仲間同士のコミュニケーションを通じて共通の目的が生まれてくる過程や，試行錯誤しながらも一緒に実現しようとする過程，いざこざなどの葛藤体験を乗り越えていく過程を受け止めていくことが大切である。子どもによっては自分に自信がもてなかったり，他者に対して不安になったり，人への関心が薄かったりすることもある。そのため，保育者は，子ども一人ひとりの人とのかかわりの違いを把握し，適切な援助を行うようにすることも大切である。

### （4）自然に対する愛情や畏敬の念

豊かな自然のなかで遊んでいると，自ずと心が解放され，五感も研ぎ澄まされていき，全身で自然を感じるようになる。とりわけ海は，全身を使って自然の偉大さや豊かさを感じられる絶好の遊び場である。波打ち際で遊んでいると，打ち寄せる波に体をもっていかれ，人間の力では抗うことができない自然の力強さを体感させられる。遊び疲れて砂浜に寝転ぶと，太陽に照らされた砂が，海で冷えた体をやさしく温めてくれ，自然のぬくもりを肌で感じることができる。磯遊

写真10-9 ●見たことがない貝を発見。「これなんだろう？」「どれどれ，みせて！ どこにいたの？」と話しながら，海の生き物との出会いを楽しんでいる。

びをしていると，「ほら，あそこに魚がいたよ！」「ウニさわるの，はじめて」「カニ，つかまえた！」と磯に生息する小さな生き物との出会いから，豊かな海の生命に触れ，その営みを身近に感じることができる。ときには「かわいそうだから逃がしてあげよう」という場面もみられ，生き物を思いやる気持ちが強くなっていると感じることもある。

子どもは，豊かな自然のなかで心を動かし感動する体験を重ねることで，人間の力ではかなわない自然の偉大さを肌で感じ，自然に対して畏敬の念や親しみを抱くようになる。また，生き物への愛おしみや生命の尊さを感じることで，身近な動植物への接し方を考えるようになり，命あるものとしていたわり，大切にしようとする気持ちをもってかかわるようになる。保育者は，こうした自然に対する思いや気づきに寄り添い，ともに感動したり共感したりする気持ちをもつことが大切である。

## 2 ■ 自然の不思議に対する好奇心や探究心

日常を離れた大自然には，はじめて目にするものも多い。また，子どもの興味や関

心を引き出し，好奇心をくすぐる驚きや発見は感動にあふれている。特に，好奇心が旺盛な子どもは，自然とのかかわりを深めていくなかで，自分の知らないこと，珍しいことやおもしろいことなどをみつけると，「なぜ？」「どうして？」と不思議に感じ，その事物や現象に好奇心をもつようになる。そして，子どもなりに「どうしてこうなっているのかな？」「こうすると，どうなるかな？」と思いを巡らせ，何か試してみたり工夫してみたりしながら試行錯誤を繰り返すことにより，「もっとやってみたい！」「もっと知りたい！」といった探究心をもつようになっていく。こうした自然の不思議との出会いや感動するような体験から湧き上がる好奇心や探究心は，物事の本質を知ろうとする思考へとつながり，科学的な見方や考え方の芽生えを培う基礎になる。そのためには自然に対して，親しみや興味をもって積極的にかかわるようになることが大切である。

写真10-10 ● 「ここに何かつまってる！」「どうやったらとれるかな？」「この石で掘れないかな？」などと話しながら，真剣なまなざしで試行錯誤している。

　子どもの興味や関心を広げるためには，ほかの子どもの存在や保育者の言動が重要な意味をもつといわれている。保育者は，子どもの視野を広げ，興味や関心を高める働きかけとして，ほかの子どもや保育者と感動を共有したり，一緒に活動したりしながら，子どもが主体的に自然とのかかわりを深められるよう援助していくことが必要である。

## 3 ■ 自然との触れ合い

　森のなかで遊んでいると，「みてみて，こんな虫がいたよ！」と捕まえた虫をうれしそうにもってくる子どももいれば，「あっちにどんぐりがいっぱい落ちてた！」と発見した興奮を抑えきれずに叫んでいる子ども，「この葉っぱ，なんかいいにおいがする」と葉っぱの香りをかぎながらつぶやいている子どもがいる。子どもは，自然のなかでのさまざまな出会いや体験を通じて，驚きや感動，喜びなどをたくさん味わうことで感性が豊かになる。そして，自然のなかで生まれたさまざまな感情を動きや言葉などで表現したいと思うようになる。

　しかし，自然を目の前にすれば，だれもが自ずと自然の姿に目を留め，心を動かされるとは限らない。そのため，保育者自らが感性を豊かに保ち，自然のおもしろさや

すばらしさに感動したり，子どもが示す自然への関心に共鳴していくことが大切になる。また，表現したいという思いは，子どもが何か表現をしたときに，そばにいるおとなが共感し，その気持ちを言葉で表現して返してあげたり，自己表現を楽しめるように工夫してあげたりすることによって培われていく。保育者は，子どもの自由な表現を受け入れ，その思いに共感したり応答したりすることで，表現する力が育まれるように援助することも大切である。

# 第11章 さまざまな情報にふれるなかで出会う生活の豊かさ

**本章で学ぶこと**

子どもを取り巻く生活環境は，さまざまな情報にあふれている。一つは，生活や遊びのなかで出会う標識・文字などの文字環境や数量・図形である。二つ目は，季節の行事や地域の風習，伝統行事などである。また，子どもの生活圏内には，児童館，図書館などかかわりの深い施設もある。最近では，テレビ，DVD，インターネット，携帯情報端末に触れ，さまざまなメディアを通して子どもに多くの情報が容易に届くようになってきた。

本章では，これらの情報とのかかわりについて，具体的な活動や場面から子どもの興味・関心やかかわり方について理解したい。さらに，これらの対象にかかわり，再現したり活用したりして遊びや生活へ取り入れていくことを通して，生活の豊かさと出会う体験となっていることに理解を深めたい。

## 数量や図形にかかわり親しむ体験

### 1 ■ 数量や図形への興味・関心の広がり

　子どもは，日常の生活や遊びのなかで，物を数えたり，量を比べたり，さまざまな形に接したり，並べたり，構成したり等多様な体験を積み重ねている。また，数量や図形を意識した玩具や遊具も身の回りに多くある。初めは，数量や図形を特に意識することなく知らず知らずにかかわっていることが多いが，次第に意識して使ったり，扱ったりして，楽しんで活動するようになる。このような体験を重ねていくなかで，次第に便利さや必要感を感じ，積極的にかかわろうとするようになる。

　この時期に大切にしたいことは，数量や図形に関心をもつようにすること，さらに興味・関心を広げるとともに，その感覚を養うことである。幼児期に大切にしたいことは，確実に数を数える等習熟の指導に努めるのではなく，子どもが興味・関心を十分に広げ，数量や図形にかかわる感覚を豊かにできるようにすることである。興味・関心や感覚を養うとはどのようなことなのだろうか。

　ここでは，知らず知らずにかかわる時期，意識し親しみをもってかかわる時期，必要感をもってかかわる時期のそれぞれの時期における具体的な子どもの活動の姿か

ら，数量・図形にかかわる力の育ちとはどのようなものなのかを探っていきたい。

## 2 ■ 知らず知らずにかかわる時期——感覚的にかかわる

　2歳ごろまでの子どもの活動する姿においては，子どもが数量や図形を意識してかかわっている姿はほとんどない。むしろ，それを見ているおとながどうとらえるかが重要だろう。次に，この時期の特徴ある姿を四つ紹介する。

　一つ目は，「数」より「量」の感覚を体感している姿である。例えば，ポケットいっぱいに木の実を拾ったり，バケツからあふれるまで砂を入れたりと「いっぱい」の感覚を好む。袋にいっぱいに積み木を入れ「重ーい，重ーい」と嬉しそうに持ち上げ，クリスマスの曲に合わせてサンタクロースになりきったり，身近な箱を無造作に積み，自分の背の高さより「大きい！　高い！」と喜んだりする。「軽い」より「重い」，「小さい」より「大きい」，「短い」より「長い」ものを好む傾向にある。ボールプールや新聞紙プール等に目を輝かせて取り組むのも，ボールや新聞紙にまみれることで，感触や「量」の感覚を体感しているのだろうか。3歳児の玉入れは，4，5歳児のそれとルールが異なるところがおもしろい（事例1参照）。

　二つ目は，ままごとやパーティーごっこのなかでお客様の数に合わせてお皿やスプーン，ごちそう等を並べる姿である。「数」を意識しているわけではないが，一人に対し，お皿1枚，スプーン一つ，アイスクリーム一つなど対応している。この感覚は数を数えたり，比較したりするときに大切な感覚である。これらは日常の生活体験を反映しているのかもしれない。

　三つ目は，散歩をしているとき，公園のベンチの隙間（穴）や金網から小石や葉を落としたり，縁石に拾った（お気に入りの）小石を並べたりして楽しんでいる姿である。また，空のペットボトルの小さい口からいろいろなものを入れ，「入れる」行為自体を楽しんでいるが，その過程で，入る大きさと入らないもの（形）がある事を体験している。

　四つ目は，2歳ごろからの，玩具を分類して片付ける姿である。電車と車（乗用車）と恐竜をそれぞれのカゴに分けて片付けられるようになる。形状の違いだけではなく，用途や材質の違いなどさまざまな観点から「分ける」体験に興味・関心をもつようになる時期である。

　子どもは日常生活のなかで，おとなとのやりとりを通して，自然な形で「量」や「大きさ」の体験をしている。例えば，洗濯畳みをしているおとなのかたわらで，おとなの靴下を履いたり自分の靴下を履いたりしながら，「大きい」＝

写真11-1 ●無造作に
積んだ積み木

「履きやすい」を体感している。また，おとなのやり方を見ながらタオルを畳んだりする体験を通して形が変形していくことを感じとっている。おとなは「大きい靴下だね」とか「角を合わせると，畳みやすいね」等，子どもが感じていることや気づいていることを言葉にしていくことが大切である。そうすることにより，例えばスプーンにヨーグルトを乗せる際に，子ども自ら「すこーし，すこし」と言いながらスプーンに乗る量を加減するようになっていく。おとなとのやりとりを通して，次第に数量や図形の感覚を意識するようになるのである。その際，子どもの気づきに寄り添った言葉がけが大切である。

## 3 ■ 意識し親しみをもってかかわる時期——楽しんでかかわる

### （1）数量へのかかわり

2歳から4歳ごろになると，これまでの「量」の感覚から次第に「数」の感覚が芽生えてくるようになる。また，「量」を図る基準となるものの存在に気づき始めるようになる。例えば，おやつを友だちに配る際，1～5個程度のものは数えて配るが，20個以上になるものは「スプーンにいっぱいこぼれない程度」と基準を決め配るようになる。

また，トランプやカルタなどのカードゲームでは，子どもなりの勝敗の付け方がありおもしろい。この時期は，数詞を唱えられるものの，正しく「数える」には個人差が大きい。子どもなりに編み出した方法なのだろうか，最初の段階は，それぞれのカードを重ねその高さ（厚さ）を目視で比べて「高い（厚い）方が勝ち」とされる。次の段階では，それぞれが1枚ずつ長く並べていき（1枚に1枚ずつ対応）「長い方が勝ち」。そして次第に，声をそろえて数詞を唱えながら，1枚ずつ重ねていく。5歳近くになると，各々が数えて数字の大きさ（カードの枚数）で勝敗が決められるようになる。数詞は子どもにとって，始めは歌のようなものであり，次第に「もの」と結びつけて個数としてとらえられるようになる。

この時期は，ルールのある遊びに興味・関心をもつようになる。バランスゲームなどでは，「大きさ」と「重さ」の関連に気づくようになり，大きいものはバランスを崩しやすいことに気づき敬遠するなどの姿がみられるようになる。また，バランスよく積み重ねるゲームでは，「ザラザラしたものの上に重ねると摩擦があり崩れにくい」など遊びのなかで発見した形状の違いを活かして取り組んでいる。子どもは遊びのなかで直感的に気づいているようである。また，このようなゲームのなかでは順番を決める，守る等の体験も大切となってくる。

## （2）図形へのかかわり

3歳ごろになると，図形への興味・関心は飛躍的に広がっていく。一目で車種を言い当てたり，特急電車の正面の顔だけでその列車名がわかったりと，興味・関心のあるものに対しては直感的に形状の違いを把握するようになる。また，日常生活でのさまざまな標識やマーク，記号等にも関心を示すようになり，図形への興味・関心が芽生える。

また，抽象的な形（立体）から具体物をイメージしたり，日常品を見立てたりして遊ぶ姿がよく見られるようになる。例えば，牛乳パック（500cc）ぐらいの箱があると，横に並べて「新幹線」に見立てたり，病院ごっこでは飲み薬になったり，2個組み合わせてソファーにしたりと，形からイメージを湧かせたり組み合わせて遊ぶようになる。次第に日常品を見立てたり組み合わせたりしてイメージの世界を広げていくようになる。

写真11-2 ●車のハンドルに見立てて運転

4歳を過ぎたころから，これまでは無造作に積み上げていた積み木なども，次第に形を意識して構成していくようになる。三角柱を並べて恐竜の背中にしたり，高くするために安定する面を考えたり，左右対称にするなど，構成する楽しさを味わっている。生活に身近な洗濯バサミなども構成を楽しむ遊具となる（事例2参照）。

この時期は，立体的な形への興味・関心が強くなるとともに，生活のなかでの具体物（ティッシュや牛乳の空き箱や円筒の芯，角材，木片等）も有効な教材となる。

## 4 ■ 必要感をもってかかわる時期──便利さに気づいてかかわる

### （1）数量へのかかわり

最初の時期は「いっぱい」が大好きだった子どもたちも，5，6歳のころには「丁度良い」感覚が芽生えてくる。例えば，フットベースボールでは，仲間に入れない事件が発生した。「4人対4人が丁度良い」という理由である。「人数が多すぎるとおもしろくない」ことに気づいたようだ。人数が多くなると，攻撃の際なかなか自分の番が回ってこない。子どもにとっての「丁度よい感覚」が垣間見られる。また，2人でワンバウンドパスをする際には，2人の間のどの位置でバウンドさせると相手が受けやすいかを模索し，試行錯誤する。ボールの動きと距離の関係に気づいている姿といえよう。

この時期は，さまざまな遊びのなかで距離や長さが話題になってくる。陣とり鬼では，陣地間の距離をなるべく長くしたり，相手の陣地が見えない位置にしたりしてスリルを楽しんだりする。遊びをおもしろくするために，また，平等な条件にするために，長さや人数，広さ等は重要な要素である。

　もう一つの特徴として，「重さ」への感覚の育ちがみられる。例えば砂場へ水を運ぶ際，それまでは大きなバケツに水をいっぱい入れて，道中でこぼしながら運んでいたが，このころはペットボトルで運ぶようになる。同じ2リットルでも，「ペットボトルを抱えて運んだ方が軽い」ことを体験して気づいている。また，パラシュートづくりで，パラシュートの大きさとおもりの関係や，大きさや飛ばす高さとおもりの関係等を考えるなど，子どもの数量への興味・関心が，遊びの広がりと共に体験を通して広がっている様子がうかがえる。

　子どもの遊びの場面では，滑らして遊ぶ，転がして遊ぶ等「斜面」が活用されることが多い。斜面の角度や滑る（転がす）ものの重さとの関係等試行錯誤しながらイメージを実現していこうとする姿がみられる（事例3参照）。

## （2）図形へのかかわり

　2〜5歳のころには，具体物をイメージしながら，積み木や空き箱等で立体物を構成する姿が多かったが，5〜6歳ごろになると抽象的な形そのものへの興味・関心が広がり，さまざまに形を組み合わせる姿がみられるようになる。

　例えば，積み木のなかから三角形（実際は薄い三角柱）を集め，それらを合わせてより大きな三角形を構成したり，四角形を構成したり，三角形だけを使いさまざまに構成したりと，三角形のおもしろさに気づきはじめている姿がある（写真11-3〜11-5）。

　これら立体図形の体験と相まって，平面図形への興味・関心も芽生えてくる。タイル並べや模様を描くなどの活動の際，これまで無造作に並べていたものから，形を活かした並べ方や，順序，対称，空間などを意識した幾何学的な美しさが感じられるような作品がみられるようになる。また，1枚の紙を折り畳んでできるお菓子のケースや折り紙の折り方図，設計図などにも関心をもち，平面の図形と立体を照らし合わせてイメージする姿などもみられるようになる。

写真11-3 ● 小さな三角形の積み木二つで大きな三角形や四角形になることに気づく

写真11-4 ● 組み合わせるとより大きな三角形になることを発見

写真11-5 ● 三角形の積み木だけを使った構成を楽しむ

## 事例 を通して理解を深める

### 事例1 満タンにしよう！──玉入れごっこ（3歳児10月）

運動会を終えた翌日，「今日も運動会したい！」と保育者に言ってきた。保育者が「運動会楽しかったね」と言うと，「大きい組さんがやっていた玉入れやりたい。」と言う。玉入れのかごを出すと，声をかける間もなく全員がかごの周りに集まってきて，玉入れが始まった。保育者は，恒例のルールに従って，かごに半分ぐらい玉がたまってきたのを確認して，終了のつもりで笛を鳴らした。しかし，玉はいっこうに投げ終わらない。A児はうれしそうに「もうすぐで満タンだね。」と言うと，B児は「いっぱいになったら嬉しいよね」と言った。保育者は見守ることにした。① 玉入れはかごに満タンになるまで続いた。そして満タンになると，「やったー」と子どもたちの歓声があがった。② どうやら，3歳児たちのルールは「満タンになったら勝ち」というものらしい。

事例提供：長谷部せり（宇都宮大学共同教育学部附属幼稚園）

〈考 察〉

　運動会で見た大きい組の玉入れに興味・関心をもち，始まった3歳児の玉入れ。保育者は運動会でのルール（一定時間で玉の数を競い合う）を念頭に臨んだが，子どもの意外な姿に出会う。

① この場面で保育者は一瞬唖然としたが，「笛が鳴ったら終わりだよ」と子どもに

呼びかけてはいない。投げ続けている子ども達の声や表情に注目したからだろう。瞬時に，3歳児の玉入れへの期待を感じとり，見守ることとした。

② 3歳児は競い合うことより「玉入れ」という行為自体を楽しんでいる。数の多さを量（満タン）という感覚で味わっている。

この後，ワニの口に見立てた段ボール箱やビニール袋で作ったバスケットボールのゴール等で器いっぱいにするまで「玉入れ」を楽しんだ。

### 事例 2　洗濯バサミでの構成（4歳児6月）

保育室にあった洗濯バサミをスモックにつけ，恐竜に見立てているC児。他児も興味がありそうなので，保育室にさまざまな大きさ，形の洗濯バサミを準備した。D児は，初めはひたすら横につなげていた。横につなげる数をさらに増やすとだんだんとカーブすることに気がつき，それをずっとつなげるとまん丸の円になった（写真11-6左）。次に洗濯バサミの持ち手の2か所にどんどんつけると，扇のような形になった（写真11-6中央）。そしてある日は，一つの洗濯バサミのつけられるところにできるだけたくさん挟んで，立体になった（写真11-6右）。それからは，洗濯バサミで自分の思うように何かをつくったり見立てたりして遊ぶことを楽しんでいる。

写真11-6 ●偶然円や扇形になったことに気づいたり，恐竜に見立てたりして楽しむ

事例・写真提供：長谷部せり（宇都宮大学共同教育学部附属幼稚園）

〈考　察〉

洗濯バサミだからこそできる，丸や扇形に興味・関心をもち，無造作につくったものを見立てたりすることを通して，次第に洗濯バサミの形状に関心を広げていく事例である。

布団干し用の大きな洗濯バサミや滑らないようにギザギザがついている洗濯バサミ

など「ここは滑りやすい」とか「ここにもつながる」など子どもなりの発見（気づき）を活かして，意外性を楽しみながら，次第に自分のイメージに沿って構成している。段ボールの板材と組み合わせると，より一層遊びが広がっていくようである。保育者も，子どもの遊ぶ姿を見ながら必要な材料を工夫していく楽しさが感じられた。

> **事例3** ちょうどいい速さにしよう！──ジェットコースターごっこ（5歳児2月）
>
> 巧技台のはしごを斜めにし，たらいを乗せ，たらいのなかに人が入って斜面を滑るという自分たちが乗れるジェットコースターをつくっていたE児たち。ジェットコースターに小さい組を招待することになった。自分たちが遊んでいたジェットコースターは斜面が急だったので，もう少し，ゆっくり滑るジェットコースターにしようということになった。「高さを低くすればいいんじゃない？」とやってみたが，なだらかすぎて滑らない。「長くすればいいのかな？」とはしごを一つから二つにして斜面を長くすることにした。それでもあまり滑らない。そこで，スタートと中間地点の巧技台の高さを試行錯誤しながら調整し，角度を調節し，両脇を支え，加速させる役の子どもがたらいを押すと，遠くまで滑り続けることができた。
>
>
> 写真11-7 ● たらいと巧技台のはしごでジェットコースターごっこ
>
> 事例・写真提供：長谷部せり（宇都宮大学共同教育学部附属幼稚園）

〈考　察〉

　この時期，子どもたちは，友だち同士共通の課題に向かって，何回も試行錯誤しながら取り組むようになる。この事例では，「緩やかな斜面」をつくることが課題である。

　これまでも，雨どいをつなげて水を流したり，芝滑りをしたりと，さまざまな遊びのなかで「斜面の角度」は体験してきている。

　ここでは，高さと長さの関係やたらいのなかに乗る人数（重さ）と角度の関係など，これまでの遊びの体験を活かし，さまざまな視点から試行錯誤している姿が読み取れる。

# 2 標識・文字にかかわり親しむ体験

## 1 ■ 意味をもつ標識や文字

　私たちの日常生活は，標識や文字にあふれている。子どものころ，道路の白線をたどって歩いたり，道路標識やピクトグラムを発見しては嬉しさを覚えたりした人もいるだろう。また，お気に入りの文字があった人もいるのではないだろうか。
　子どもは生活のなかで標識や文字に出会い，かかわりながら親しみ，それらがもつ固有の意味やメッセージに気づき，受け止め，生活や遊びに活かしていく。

### （1）自分なりの意味

　標識は，あるメッセージを伝えるために人が意図的につくった記号である。しかし，子どもと生活していると，「自分なりの意味」を感じながら親しむ姿もみられる。

> 　A児は，伝い歩きをはじめたころからテレビの天気予報がお気に入りである。画面に並ぶ気象マークに晴れを表す「✿」マークを見つけると，指差しをして喜んだり手を伸ばして食べるフリをしたりしてはごきげんである。2歳になったA児は，いつものように「✿」マークを食べ終えた後，「これで元気いーっぱい！」と笑顔を見せた。

　A児にとって「✿」マークは晴れを表すものではなく，「元気になるアイテム」のようである。その標識固有の意味を理解する前の，この時期ならではの姿である。標識は，私たちが生活する社会文化的な文脈から意味を成している。子どもは今まさに生活する社会の文化を自らに取り込むプロセスにあり，いずれ身につけていく。目の前の子どもが今，どのように標識の意味をとらえ，親しんでいるのかを理解し，その子どもなりのかかわりを大切にしたい。

### （2）社会生活における意味

　私たちは，標識の意味を受け止めながら社会生活を送っている。標識にはさまざまあるが，特に，交通標識に出会う機会は多い。

徒歩で登園中，信号が「赤」に変わった。B児（2歳）は「赤，止まれ」とつぶやく。保護者は立ち止まるが，B児は歩みを進める。つないだ手が引っ張られてようやくB児は立ち止まる。ふと足元を見ると路面には「とまれ」の足型の標識がある（写真11-8）。B児は保護者と並び，その足型に自分の足をぴったり重ねて立つ。信号が「青」に変わると，B児は保護者と目を合わせて「進め」と言い，横断歩道を渡った。

　子どもと生活していると，知識と行為とが常に結びついているわけではないことに気づく。「赤信号＝止まれ」を知りながら，歩みを止めないB児の姿がまさにそうだろう。また，路面の標識に足を重ねて立つB児の姿は，社会生活における標識の理解というより，偶然見つけた足型の標識に親しむ姿といえよう。このとき保護者は，手をつないだり目を合わせたりしながらB児のふるまいを調整しているが，子どもが社会生活における標識の意味をとらえるプロセスにおいて，おとなの

写真11-8 ●「とまれ」の足型

果たす役割は大きい。子どもは，社会生活のなかでおとなのふるまいを目にしたり繰り返し経験したりすることによって，次第にその意味を自分に取り込み，ふさわしい行為へとつなげていく。

### （3）園生活で出会う標識

　クラス名を表す絵表示やその子のマークなどは，場所や所属を示す園生活ならではの標識だろう（写真11-9）。絵や色で示すことによって，文字に関心を抱く以前の子どもたちも，親しみをもってかかわることができる。

写真11-9 ● 靴箱のマークと名前

> 1歳児クラス11月。帽子の落とし物を見つけたC児は，帽子の裏側にある記名タグを確認すると，D児に手渡した。

　もちろんC児は記名された文字を読んだのではない。タグにつけられたひまわりマークを読んだのである。この時期の子どもにとってマークは，記名と同じ機能を果たしている。

　生活グループや当番表，生活の進め方などの掲示は，情報を共有し，子どもが自分たちで生活を進める助けとなる標識である。昼食の準備時など，これらの標識を確認したり互いに役割を伝え合ったりする子どもの姿にしばしば出会う。

　これら園生活で出会う標識は，所属や場所，順序や生活の見通しなどを伝えるメッセージであるが，単に便利さや効率を求めるものではない。自分のモノや場所，自分たちの生活の進め方が分かることによる安心感や安定感を支えるものであり，コミュニケーションの手段の一つでもあるといえよう。

## 2 ■ 日常生活にあふれる文字環境

### （1）身近な文字環境

　時計やカレンダー，テレビやタブレット端末の画面，看板など，文字は日常生活にあふれている。子どもは「これなあに？」を繰り返しながら文字を意識し，音と文字の関係に気づいていく。さらには，ひらがな・カタカナ・数字・漢字，アルファベットなどさまざまな種類があることを発見していく。

　子どもにとって最も親しみ深いのは，自分の名前だろう。いつも音で聞く自分の名前が，文字で表されることを発見する喜びは大きい。絵本など児童文化財の存在も重要である。子どもは気に入った絵本を「もう一回」と，繰り返し読み聞かせてもらう。そのうちそらんじるようになり，絵本に書かれた文字を眺めては，少しずつ知っている文字を拾い読みするようになる。また，腕時計やスマートフォン，診察券など，身近なおとなの生活アイテムへの関心も高い。例えば，「病院ごっこ」でお世話を楽しんでいた子どもたちが，いつの間にか診察券づくりに励んでいた，ということも多い。

　このように，文字環境は子どもの生活にとって身近で興味深いものである。こうして子どもは「聞く」「見る」から「読む」「書く」へと文字に親しみ，かかわりを深めていく。

### （2）文字を書くことへの意識

子どもが文字を書こうとするとき，はじめは「書けたつもり」がほとんどである。一見，何を書いたのか分からないこともある。

> 3歳のE児は最近，時計に興味津々。時計を見つけては「いま何時？」と近くのおとなに尋ね，じっと時計を見つめる。ある日，E児はアナログ時計が二つ並んだ絵を描いた。E児は自分が描いた時計を見せながら，「いま何時？」とごきげんである。（写真11-10）

自分で描いた時計に大満足のE児だが，数字として読めるのは「1」のみである。確かに時計の文字盤には「1，10，11，12」と，「1」が最も多く示されている。「1」は一本線で書きやすく，象徴的だったのだろう。まずは「書けたつもり」の満足感を大切にしたい。

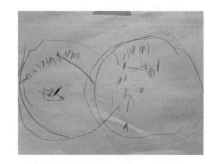

写真11-10 ●E児が描いた時計

子どもは，書きたくなると「どうやって書くの？」と文字を知りたくなり，おとなに手本を書いてもらうなどして，形を意識して書くようになる。写真11-11は，卒園を間近に控えた年長児のF児が書いた「修了証書」である。20分近く集中して書き上げたF児は大きく息を吐き，一人うなずいた。和紙に毛筆で書かれた本物の「修了証書」に出会ったときの，身が引き締まる思いや憧れが「書きたい」意欲となり，粘り強く取り組む原動力になったのだろう。

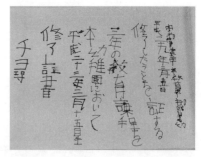

写真11-11 ●F児が書いた「修了証書」

「文字」というと，おとなは正しく読み書きすることに意識を向けがちである。しかし，幼児期は正しさよりもさまざまな文字への興味や関心を高めたい時期である。「読みたい」「書きたい」という子どもの意欲を大切に，文字に親しみたい。

## 3 ■ 伝わる喜び・伝え合う楽しさ

標識や文字に親しむ経験を重ねていくと，子どもは自分たちの生活や遊びに取り入

れていく。書くこと自体を楽しんだり，自分の思いを表現したり，書きながら遊びのイメージを湧かせたり共有したりする。さらに，書くことで遊びの内容やルールを友だちと伝え合う。こうして，表現することや誰かに伝わる喜び，伝え合う楽しさを味わいながら，標識や文字とのかかわりを深め，コミュニケーションの道具として活用していく。

### (1) 標識や文字で表す，伝える

　4歳ごろになると，遊びのイメージを表現したり，誰かに思いを伝える手段として標識や文字を使うようになる。例えば，「お店やさん」の看板やメニュー表をつくって自分なりのイメージを友だちに伝えようとしたり，会計レジの端末を本物らしくつくったり，自分が使いたい箱であることを張り紙に書いて周囲に知らせたりするようになる（写真11-12）。

写真11-12 ●「ここのはこわとっちゃだめ」

### (2) コミュニケーションの手段として

　5歳ごろになると，手紙のやりとりを楽しんだり，遊び方を書くことで伝え合ったりするなど，標識や文字をコミュニケーションの手段として活かしていく。

　写真11-13は，仲間とつくった遊びのコースマップである。自分がその場にいなくても，コースマップを見た友だちが挑戦することがうれしくて，何枚も書き上げる。さらに，得点表や表彰状をつくるなど遊びが盛り上がっていく。まるで「もっと挑戦して！」と誘っているようである。書くことが遊びとなり，遊びをよりおもしろくする手段にもなっている。

　写真11-14は，「映画館ごっこ」のお客さんに向けた注意喚起の看板である。

---

　OHP（オーバーヘッドプロジェクター[1]）を活用した映画館はなかなかの評判で，お客さんで満席である。上映中，前列に座るお客さんが立ち上がると，後列から「見えない！」という声が上がる。J児らはその都度「座ってください！」と呼びかけるが，逆に「強く言わないで！」と言われてしまう。するとJ児は，ハッとした顔をして看板を書き上げ，静かに掲げた。

---

1）透明素材のシートにかいた図絵や文字などをスクリーン等に投影する光学投影機

看板には，注意を表す三角形の標識に，座る人のピクトグラム，さらに「しゃがんでください」の文字が添えられている。J児は，これまでの標識や文字とかかわった経験を活かし，映画館のよい雰囲気を損なわずに必要なメッセージを伝える方法として，この看板を生み出したのだろう。看板を掲げて注意を促すJ児は，映画館のスタッフさながらである。

　こうして，生活や遊びを通して標識や文字がコミュニケーションの手段となることに気づいていく。子どもが書いたものは，正しい表記でないことも多いが，その子なりの思いが込められている。そうした思いを十分に受け止め，伝える喜びや伝え合う楽しさを十分味わえるようにしていきたい。

写真11-13 ● 遊びのコースマップ

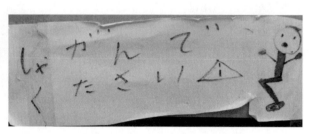
写真11-14 ● 「しゃがんでください」

## 事例 を通して理解を深める

### 事例 4　ののちゃんの「の」（3歳児）

① 靴箱をじっと眺めるN児。マークに併記されるひらがなの名前を指さしながら「『のの』ちゃんの『の』。のぞみちゃんの『の』。『たかのり』くんの『の』」と，友だちの名前をつぶやきながら，自分の名前に含まれている音・文字をもつ友だちを確認している。そこへR児がやってくる。N児はR児に「『のの』ちゃんの『の』。『りの』ちゃんの『の』」と言って，にっこりほほ笑む。

② N児は真剣な眼差しで絵本のページをめくっている。N児の様子を見ていると，N児は自分の名前に含まれている「の」の文字探しを楽しんでいる。

③ N児はぐるぐる描きをしているうちに丸が「の」に見えてきたようである。「の・の・の……」とつぶやきながらいくつも書いていると，通りかかった保育者が「あら，Nちゃんの『の』ね」と，N児に語りかける。すると，N児はまるで「そうなの！」と言うかのように得意満面の笑みをみせた。

## <考　察>

　園生活では，その子のマークがよく使われる。ひらがなで名前を併記するのは，子どもが次第に文字の存在や意味に気づくことを意図してのことである。仮名文字は表音文字であるため，音と文字との対応をとらえやすい。

　①では，自分の名前の文字が分かるようになったN児が，友だちの名前を声に出しながら，自分の名前と共通する音や文字を見つけている。自分と「同じ」音や文字から，友だちとのつながりを感じ，親しみを新たにしている。

　②では，真剣な眼差しで文字探しをするN児の姿から，文字への認識の深まりがみられる。めあての文字を探したり，読める文字だけ拾い読みしたりする経験を通して，似た文字を見つけたり，文字の形に気づいたりするなど，文字への感覚を養っていく。

　③では，ぐるぐる描きのなかに偶然「の」の文字を発見して，文字を書いている気分を味わっているN児の姿がある。書けたつもりの満足感や充実感が，文字への関心や親しみをより高めていく。

　子どもが文字に関心を示したときが，その子にとっての「読みたい」「書きたい」タイミングである。子どもが文字に気づき，関心を寄せるタイミングをとらえ，その子どもなりのやり方で文字とのかかわりを深める経験を大切にしていきたい。

---

### 事例 5　わたし，元気がないの　（4歳児）

空き箱で携帯電話をつくっているK児とL児。紙片に電波のマーク📶や思い思いの絵文字（スタンプ）を描き，時折見せ合いながら，やりとりしている。

　　　K児　「わたし5本だから，ちょー元気！」
　　　L児　「Lちゃんは1本…わたし，元気がないの…」
　　　K児　「大変！　こっちに来て！」
K児はL児の手を引いてテラスに駆けていき，「もう大丈夫！」とほほ笑み合った。

---

## <考　察>

　電波マークや絵文字などを思い思いに描きながら，見せ合い，やりとりを楽しむ二人の温かなふれあいのひとときである。自分の知っている標識や文字をかくことや，新しい標識を生み出すことを楽しんでいるが，そこには自分なりの思いが表現されているようである。一本の電波マークを描いて「元気がないの」と訴えるL児。そんなL児の手を引いて急いでテラスに連れ出すK児は，「戸外→電波良好→元気回復」と考

えたようである。標識がもつ意味をとらえた，K児のユーモアと優しさが感じられる場面である。

　子どもがこうした何気ないやりとりを通じて，標識や文字を書くことを楽しんだり，自分なりの思いを表現したりする楽しさを感じ，それを受け止めてもらう経験を通して，標識や文字がコミュニケーションの手段の一つであることを感じ取れるようにしたい。

　おとなになっても，自分の思いを適切な言葉や文字で表現することは容易いことではない。しかし，自分が発信したメッセージが相手に伝わったり，確かに受け止めてくれる相手がいるという経験が，さまざまな方法で自分の思いを表現したり，コミュニケーションへ向かう原動力となっていく。

### 事例6 「おばけやしきつくろう」（5歳児）

おばけやしきづくりをしているJ児，M児，O児，R児だが，何か物足りないらしい。

　J児「なんかさー。おばけやしきって怖いのに，まだ全然怖くないよ」
　M児「おばけやしきってさー，もっとガイコツとかさミイラとかさ，乗り物にのってキャーとかさ，火の玉がヒューとかさ，くもの巣がバーとかさ・・・」
　J児「待ってよ，『とかさ』ばっかりで全然わかんないよ！」

次々につくりたいおばけのイメージがわくM児だが，友だちに十分に伝わらず，緊張した雰囲気になる。すると，O児が「ちょっと待って，書いてみようよ」と言って，保育者に紙とペンをもらってきた。それぞれのアイディアを書いて整理しようと考えたようだ。しかし，どう書けばよいか分からない。そこで，保育者の力を借りて書いていく。そのうちR児が「僕，書くよ」と言ってペンを握る。4人で額を突き合わせて「作戦会議」がはじまった。書き進めていくと，つくりたいものが友だちと同じだと分かり「絶対に必要だよな！」と目を合わせたり，「そうしたら本当のくもの巣にしようよ！」と，アイディアが広がったり，楽しい雰囲気になってきた。「どれからやる？　早く順番決めよう。R，書いて！」と，やる気十分である。

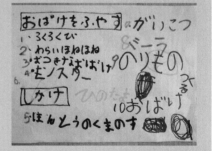

写真11-15 ●おばけやしきの作戦会議

<考　察>

　「書く」ことで，自分たちのつくりたいおばけやしきのイメージが明確になり，遊びへの意欲を新たにした子どもたち。おそらく，これまでの生活経験として書きながら話し合いを進めたことがあったのだろう。

　「書く」ことによって，友だちと同じ考えをもっていたことに気づいたり，考えを整理したり，新たなアイディアを生み出したりしている。思いが伝わり合い考えがよりよいものになる経験は嬉しく，大切にしたい経験である。

　また，書くことが得意なR児は，書く役割を担って友だちに頼りにされるのも誇らしいことである。さらに，「書く」ことによってイメージ豊かなM児の独壇場ではなく，一人ひとりの子どもの考えを引き出す機会となったことにも注目したい。

　話し合いが思うように進まず，O児の提案から始まった「作戦会議」だが，みんなで集まって書きながら話し合うことも遊びの一つになっているようである。こうして，一緒にいて楽しい友だちが，ともに物事に取り組む仲間となっていくのだろう。自分たちのアイディアがつまったペーパーは，子どもたちにとっては単なるメモではない。一緒に「作戦会議」をした仲間の証であり，宝物となる。

## 3　社会生活（情報・施設）にかかわり親しむ体験

### 1 ■ 地域の散策と新鮮な出会い

　乳児期の子どもは，屋外の空気にふれるだけでも心が開放される。泣きじゃくっていた子どもでさえも泣き止む。ましてや自分の力で歩行が可能になってくると，好奇心旺盛なこの時期，見るものふれるものすべてのものに関心を示す。風に揺れる草花や動く生き物，小石等，手を伸ばそうとする。

　2～3歳になり運動が活発になってくると，家や園の周囲にある坂道や階段，斜面や歩道の縁石などによじ登ったり，滑ったり，渡ったり，縁石を新幹線に見立てたりしてかかわり，子どもにとっては固定遊具に勝る遊具である。アリやダンゴムシ，テントウムシ等偶発的に出会うことも新鮮である。生き物との最初の出会いの瞬間を大事にしたい。枯れた木の枝に落ち葉を指し焼き鳥に見立てたり，いろいろな形の石をごちそうに見立てたりと，ありのままの自然が遊びの材料となり，そこにイメージが伴う。

　偶発的な出会いが多いこの時期，保育者は，子どもの好奇心や気づき，子どもなりの感じ取り方を大切にしたい。安全に注意しつつも子どもの行動を制止することな

く，時間を十分に取り，子どもが心をときめかせていることに寄り添っていきたい。

　4歳を過ぎるころから，園までの道中に夏ミカンや梅の実，キウイの実を見つけたり，園周辺の公園を「シロツメクサの公園」「バッタのいる公園」「貝がら（の形をした滑り台のある）公園」…等と遊んだ体験から公園の特徴をとらえた命名をしたりするようになる。子どもの公園への親しみの表れだろう。子ども目線で園周辺の公園マップを作成するのもおもしろい。

　5〜6歳になると行動範囲も広がり，畦道で偶然トンボの脱皮に出会ったり，農場の傍らの草むらでバッタ取りをしていると落花生掘りをしている農家の人に出会ったりと予期せぬ出会いにワクワクする。消防署では所員が訓練をしていたり，工事現場ではクレーン車が仕事をしていたり，「ここは，家で飼っているペットを連れてきた動物病院だよ」等と，子どもたちの視野が広がり，地域のさまざまな事物や人びとが友だちと話題になったりもする。

　これらの体験は，子どもが生活する地域への興味・関心を引き起こすきっかけとなり，地域に暮らすさまざまな人びとへの愛着につながっていくのではないだろうか。

## 2 ■ 地域の催しや出来事と「ごっこ遊び」

　子どもは，生活範囲の広がりとともに，生活に即して自身で体験したことを模倣し，遊びとして取り入れていくことが多い。まずは，ままごと，おうちごっこ，お母さんごっこ…などといわれるものである。子どもにとって一番身近で，親しみや憧れがあり，多様な展開が予想される。生活の展開に応じて，スーパーやガソリンスタンド，ドライブスルーやテイクアウトのお店，お医者さんや銀行，宅急便やごみ収集車……など，子どもの生活の背景を垣間見ることができる。

　この時期の子どもにとって，「なりきる事」「見立てる事」はイメージを豊かに育むことにつながる。これらの「ごっこ遊び」は子どもが生きる社会の在り様を映し出す鏡のようなものであり，時代の変化を感じ取るバロメーターでもある。

　また，地域ごとに行われる季節ごとの祭りや文化祭，収穫祭などの体験も子どもの遊びのきっかけとなる。最近では科学館や博物館，図書館等でも子どもを対象としたイベントが数多く実施されている。祭りで体験した射的や的当て，マルシェやオブジェ作り，くじ引きや引換券等，友だちも体験していることが多く，情報交換することを通して，遊びの目的として共有され，遊びに取り入れられる。

　保育者も地域のさまざまな催しへ積極的に参加し，子どもとイメージを共有できるよう心掛けたい。また，同一の祭りに参加しても，その子なりの気づきや発見がある。子どもは「再現」をしたいだけではなく，興味・関心をもった事柄を遊びに取り入れて遊びを楽しくしていきたいのである。保育者は，子どもがどのように遊びに取

り入れ，何を実現していこうとしているのか感じ取ることが大切だろう。

## 3 ■ 社会の出来事（テレビやネット等を通して）と遊びの広がり

　子どもに身近な地域の催しや出来事を体験することについては前述したが，5〜6歳になると実際の体験ばかりではなくテレビやネット等のメディア情報も大きな刺激となる。乳幼児期からネットを通じた動画などを視聴していることも多く，実際の体験を伴わず，「見て知っている」だけということも危惧されるが，模倣や再現に留まらず，子どもは新たな気づきを土台に，自分たちの遊びを創り出そうとする。3〜4歳の時期はさまざまな情報を断片的にしか理解できないことも多いが，5〜6歳になると，友だちとのつながりが深まるにつれて，一人ひとりの新たな気づきを友だちに伝えたり，友だちのもっている情報に関心をもったりして，友だちと情報交換する喜びを味わいつつ，自分たちの遊びが生まれる過程を楽しむようになる。

　例えば，オリンピックイヤーやワールドカップイヤーには，日本が活躍するとテレビで放映される機会も多く，家族で視聴したり，応援したり，話題になることも多い。日本の柔道が活躍した年には「柔道ごっこ」が，ホッケーのおもしろさに気づくと「ホッケーごっこ」が遊びとして取り入れられるようになる。ルールに従って遊ぶ楽しさやルールを作り出したり，作り変えたりして遊びを楽しむようになる。年長児にとって，柔道の「「待て」と言われたらやめる」とか「終わりにお辞儀をする」とか，子どものこれまでの遊びにはなかったルールが新鮮に感じられたようだ。ホッケーでは，用具の形状に関心をもったようだ。遊びのなかでは，対戦チームも世界各国の国名が並び，その国旗を描いたり，メダルを作ったり，実況放送をしたり等遊びに広がりがみられるようになる。

　このように，子どもが暮らす地域だけではなく，広く周囲の世界に好奇心を抱き興味・関心を寄せることは，社会とのつながりや国際理解の意識が芽生えていくことにつながる。保育者は，自身が興味深く見た放送の内容やさまざまな情報のなかから子どもの生活や遊びにつながるであろう情報を適切に選択し，子どもの発見や気づきに照らして共感したり，ある時は提示したりしながら，子どもの興味・関心を引きだしていくことが求められる。また，子どもの思いを実現するためには，ふさわしい場や用具の工夫等を提案していくことも大切である。

## 4 ■ 子どもの生活にかかわりの深い施設の体験と生活の広がり

　子どもの生活の広がりに伴い，子どもの生活にかかわりの深いさまざまな施設を体験する機会も増えていく。地域の児童館や図書館，科学館，博物館，また生活に密着

している消防署や防災館，コミュニティーホール等，最近では乳幼児向けのさまざまなイベントも企画され，子どもも参加しやすくなってきており，活用している家庭も多いのではないだろうか。

　例えば，子ども参加型の音楽会の開催もみられるようになった。子どもにとっては，本物体験ができることが魅力である。ホルンの管と同じ長さのビニールホースを吹いて音を出し，ホルンの仕組みを説明したり，実際に琴の弦に触れさせてくれたりと，子どもが楽器を身近なものとしてとらえる体験が工夫されている。情報機器の進化に伴い，さまざまなバーチャル体験も可能になってきているが，実体験すること自体が子どもにとって意味のある事である。

　園生活においては，クラス全員が共通体験することにより，一人ひとりの体験に留まらず，それぞれの体験が共有され，自分たちの生活や遊びに取り入れられ，生活や遊びが豊かになっていく（事例7参照）。

　園内で起こる出来事や園行事なども，近隣のさまざまな施設やそこで働く人びとを知ることにつながる。例えば，園で飼育している小動物の健康状態が危ぶまれる時，近隣の獣医さんに園へ来てもらい，治療をし，小動物との接し方について話をしてもらったりする体験を通して獣医さんへの親しみをもつようになったり，園内施設を活用してお泊り保育をする際に近隣の銭湯を活用したり，園の自転車を修理に来た自転車屋さんの技術に圧倒されたりする。地域の人びとも園での子どもの生活する姿を知ることにより，園や子どもへの理解が深まり，双方向のかかわりが広がり，地域へ開かれた園となっていく。

　子どもの園での生活が豊かなものになるには，保育者もまた地域に密着した生活をすることが大切となるだろう。

## 5 ■ 地域社会の文化や伝統と豊かな生活

　日本には，正月や七夕，お月見等季節ごとの行事があり，地域ごとのやり方で伝承されてきた。季節ごとの行事にふれることは，子どもなりに季節による自然や生活の変化を感じる機会となり大切である。しかし，昨今は社会生活の変化等により，日常生活では伝承されにくくなってきている。家庭や園，地域社会それぞれの立場から，子どもと一緒に活動することを通して行事の由来やそこに込められた願いについて理解していく機会をつくっていくことが大切である。また，行事ごとの食事は子どもにとっても身近で親しみやすいことから，給食や園行事を通して計画されることも多い。

　園の夏祭りに地域のお囃子を招待して本物の和太鼓の響きを体験するとか，秋の収穫祭で地域の伝統料理を食べたことをきっかけに園で一緒に調理するとか，地域の人びととのかかわりを通して地域社会の文化や伝統にふれることも意義ある事である。

子どもに無理のない，生活に即したかかわりをすることを通して地域に親しみを感じるようになることは大切である。後述の事例8では，園を開くことによって，園生活で子どもが地域の人びとと共に郷土料理に親しみ，さらにそれが保護者にも継承されていく様子が示されている。このように，園で親しんだものを家庭や地域の人びとと一緒に楽しむことで，子どもにとってより豊かな生活となっていく。

ほかに，餅つきなども，従来は年の暮れに親戚中が集まって正月の準備をしたが，一家庭では実施がなかなか難しい。ある園では，餅つきの体験のない保護者達から，園の場を借りて園行事として実施したいと要望があった。園児の祖父母が指南役となり，保護者と共に餅つきを体験した。釜戸を作る事，米を研ぐこと，米を蒸かす事，すべてが初めての体験であったようだが，その後代々の保護者間で20年以上受け継がれている。園が場を提供することによって，保護者世代も伝統文化にふれる機会を得て，家庭の生活に潤いがもたらされ，子どもの生活がより豊かなものになっていく。園の存在は，地域の文化や伝統と家庭とを橋渡しする役目をもっているのではないだろうか。

### 事例 7　園外での共通の体験から遊びが豊かになっていく（5歳児1月）

5歳児星組で，近隣の図書館へ園外保育に出かけた。図書館では，児童書のコーナーを見て回った。〇〇シリーズの本を探しはじめる子どももいれば，紙芝居が借りたくて見ている子ども，借りたい本を検索機を使って調べる子どももいた。図書館の人が絨毯のコーナーで読み聞かせをしてくれた。

園に戻り，借りてきた本を並べて置けるスペースをつくり，お互いの借りてきた本を読み合うことができるようにした。食後，D児とE児はそれらの本の並べ替えをはじめた。「同じのは一緒にしよう」「大きさが同じのがいいよね」などと言い合いながら並べていた。

次の日，D児とE児にF児やG児も加わって本を並べている。G児が「ここ，図書館にしようよ」と言うと，すぐに意気投合したようだ

写真11-16 ● 図書館での実体験

写真11-17 ● カウンターをつくり図書館ごっこ

った。「私，図書カードつくる！」とD児は画用紙を切り，友だちの名前を書きはじめる。「先生，星組はみんなで何人だっけ？」と聞いてきた。そして，友だちのロッカーの名前を見ながら，その日も次の日もカードづくりをしていた。あとから来たH児は箱がほしいと言い，パソコンをつくりはじめた。「ピッ」とカードを通して借りるためのものらしい。図書館のコーナーには，「おりがみ」「むし」

写真11-18 ● 絵本の置き方を工夫して

「お話」などの見出しの紙が貼られ，貸出のカウンターができた。借りるときに返却日の紙も挟んでくれた。紙芝居を借りてきたI児は，友だちに読み聞かせをしようとしていたので，紙芝居の木枠と台を出し，絨毯のコーナーをつくると，何人かの友だちと交代で読み合っていた。

2週間後，借りてきた本を返す日がきてしまうと，子どもたちは「星組図書館をつくりたい」と言い出した。そこで，園の絵本コーナーから自分たちで本を選び，保育室にもってくることにした。園の本にもバーコードを紙に書いて貼ったり，自分で本や紙芝居をつくりはじめたりする子どももでてきた。

事例・写真提供：稲川知美（宇都宮大学共同教育学部附属幼稚園）

○ 子どもは，園外の施設での経験からどのような情報を園にもち帰ってきているか。また，それらを遊びにしていくために，保育者はどのような環境をつくっているだろうか。

〈考　察〉

　子どもは，公共施設を利用したことで，それぞれの視点で社会の情報を園にもち帰ってくる。例えば，「本を分類する」という行為は，これまでみられなかったことであるが，友だちと一緒に図書館を利用したことで，本をきれいに並べたい，わかりやすく並べたい，どんな本があるのだろうかなど，自分の思いがふくらみ，自分なりの方法で本を分類しようとすることにつながっている。また，別の子どもは「バーコード」「パソコン」に興味をもった。もしかしたら，「ピッ」という行為そのものに興味をもったのかもしれないが，図書館の本には，バーコードがついていて，それをパソコンにつないだバーコードリーダーで読み取っているところを再現しようとしている。また，図書館には読み聞かせをしてくれる場所があったり，そこに人がいたりすることにも気づいている子どももいる。

このように，もち帰ってくる情報は，それぞれの子どもの興味・関心によってさまざまである。しかし，園外での体験が，園のなかでの遊びをさらに発展させ，子どもの興味・関心を広げていくということがいえる。子どもはおとなの目につかないようなところに気づき，おもしろさを感じている。公共施設の利用も，子どもがどのようなことに興味をもつのだろうか，園に帰って自分の遊びにつながるものはどのようなことか，などと保育者も，子どもなりの発見を意識し，わくわくしながら園外でしかできない体験（文化との出会い）を考えていきたいものである。

## 事例 8　園で伝統文化を伝えていくきっかけづくり（4歳児2月）

地域の郷土料理「しもつかれ」は，地元でも継承されにくくなっている伝統料理のひとつである。園の行事で「しもつかれ」をつくっている地元の団体の人を呼んで，「しもつかれ」を提供してもらった。実はこのときはじめて，「しもつかれ」を食べた子どもも多かった。このことをきっかけに園内で「しもつかれ」づくりに挑戦することにした。

近所に住む卒園児の保護者も手伝ってくれた。はじめは5歳児が中心になってつくっていたが，鬼おろしを使っているところに興味をもち，4歳児も参加してみることになった。実際に鬼おろしを使って大根とにんじんをおろしてみると「むずかしい！」「大根よりもにんじんのほうがかたい！」「これ疲れる！」「大根って汁がいっぱい出るね」と，子どもによってさまざまな気づきがあったようだ。

その後，ずっと鍋のそばでできあがりを見守っている子どもたちもいた。

C児は家に帰って保護者に「しもつかれ」をつくってほしいとお願いしたようだったが，つくり方がわからずに困ってしまったという話を母親から聞いた。そこで，園でレシピを作成し配布した。子どもは，自分が園でつくったものを大鍋が空っぽになるまで食べたことで，「しもつかれ」が好きになったようだ。子どもが「しもつかれ」を好きになったことで，家族の関心も深まっていった。後日，C児の母親から，実際に自宅でも親子でつくってみたという報告が届いた。

事例提供：永田文子（さくら認定こども園）

③　社会生活（情報・施設）にかかわり親しむ体験　　145

○ 園での行事が，子どもにとってどのように地域の伝統文化にふれる機会となっているだろうか。

〈考　察〉

　実際に自分の手を動かし，つくる体験をしたことでいっそう親しみが湧いている。食べることを通した文化の伝承は，大切である。子どもが関心をもつことで，保護者の関心が広がったり深まったりすることも多い。家庭と連携をとることや，4歳児も調理にかかわりをもつことで，次年度，自分が主で行うときへのつながりができることから，より伝統文化の継承が深まるだろう。また，その後，お店屋さんごっこでも「しもつかれやさん」をはじめる子どもがいた。子どもなりに自分の遊びのなかにも，「しもつかれ」をつくった経験を取り入れている。

　地域の伝統文化や行事，食などに，保護者はもちろん，園の職員もあまりふれる機会がなくなっている。そこで地域の人とのつながりによって，子どもに伝える機会をつくっていくことができる。園を地域に開くことによって，地域の人を通して子どもが伝統文化にふれる機会が増える。またそのことで，保護者にもその地域に根づく伝統文化の継承をすることができていくのである。

# 第12章 「子どもと環境」の学びを深めるワーク

## 本章で学ぶこと

保育者の役割は，子どもたちを見守るだけでなく，ともに「心揺れ動く体験」を創り出し，その経験を通じて成長を支えることにある。そのためには，保育者自身が知識だけでなく，体験を通じて感性をみがき，それを子どもとのかかわりに活かすことが重要である。2017年に文部科学省が示した新しい教職課程では，保育者が学問的な背景を理解し，専門性の高い実践を行うことが求められるようになった。子どもたちが好奇心や探究心をもち，環境にふれるなかで感じる不思議さや驚きは，感性や学びへの意欲を育む大切な体験である。こうした体験を引き出すには，保育者が子どもの心の動きに気づき，ともに驚きや発見を楽しむ感受性が求められる。

本章では，保育者を目指す学生が，感性豊かな体験を創り出し，それを学びや成長につなげる力を身につけるための一例として，本書の学びを深めるワークを紹介する。これらのワークを通じて，学生は子どもの感性を引き出し，成長を支える保育者としての基盤を築くきっかけを得られるだろう。本章のワークが，未来の保育者としての感性をみがくための手助けとなり，子どもたちとの豊かなかかわりを創り出す一助となることを願っている。

## Work1 物とかかわるなかで学ぶ遊びの楽しさ「シャボン玉」（第8章の学びを活かしたワーク）

### ワークのねらい

このワークのねらいは，学生がシャボン玉遊びを通じて試行錯誤し，自らの体験から楽しさや学びの本質に気づくことである。また，教材研究の大切さを実感し，保育者として子どもたちに遊びを効果的に伝えるための工夫や準備の重要性を学ぶ機会とする。さらに，遊びを通じて子どもの発達段階や個性に応じた適切な指導方法を考える力を育む。

### ワークの進め方

**❶ 事前活動：思い出し，想定し，準備する**

遊びが楽しくなるためには，事前の準備がどれだけ重要かを認識する。

### 子ども時代を思い出す

学生自身が子どもの頃に経験したシャボン玉遊びを振り返り，「どんな道具を使っていたのか」「何が楽しかったのか」を思い出す。その過程で，「なぜ楽しかったのか」「どのような工夫ができたのか」といった視点も意識して考える。

### 自分なりに想定し，自分なりに作ってみる

学生それぞれが「こうすればもっと楽しくなるのではないか」と自分なりのアイデアを出し，シャボン玉液や道具を作ってみる。液の作製では水と洗剤の割合を調整し，砂糖やグリセリンを加えて壊れにくいシャボン玉を目指す。「この配合なら大きなシャボン玉が作れそう」など，自分の仮説をもとに作ってみる。道具の工夫では既存の道具（市販品や手作り）を比較しながら，「もっと大きな輪っかを作ったらどうなるだろう」など，新しい形状を試す。ストロー，ハンガー，輪ゴムなどの身近な素材を活用して，自分なりのオリジナル道具を準備する。

写真12-1 ●「ゆっくり」とふくらまそうと工夫している

## ❷ 1回目：自由に遊ぶなかで，シャボン玉遊びの楽しさを体験から知り，なぜ楽しいのかを考える

### 子ども時代を思い出し，作成してきた物で楽しむ

各自が準備してきたシャボン玉液と道具を使い，昔の感覚を思い出しながら自由に遊ぶ。「子どもの頃の楽しさ」を改めて体感することで，子ども視点の楽しさを意識する。

### 試行錯誤の大切さを学ぶ

自分が作った道具や液ではうまくいかない場面も多く見られるだろうが，それが次の工夫の糧になる。

「液が薄すぎて泡がすぐに壊れてしまった」「道具の形が大きすぎて，操作が難しかった」。学生同士で他人の工夫を観察し，自分の想定と比べながら，新たな発想を得る機会とする。

### 気づきの共有

グループ内で，他の人が試した道具や液について実際に試してみて体験し，良い点や改良のヒントを話し合いながら共有する。この過程で「次はこうしてみよう」というイメージをもつことや，作成した教材による遊びの展開の違いに気づけるような促しにより，楽しくなるための教材研究の必要性を学ぶことができる。

シャボン玉課題

① 作成の仕方

　材料：針金ハンガー，毛糸や刺繍糸，セロテープ
- まずはじめに，針金ハンガーの三角になっている部分をできるだけ円形にする。
- 机などに置き，上から全体を押してできるだけ平らにする。
- 持ち手にする部分をU字に曲げる。
- 丸くした針金ハンガーに，刺繍糸を隙間ができないように巻きつける。
- U字に曲げた持ち手の部分の針金が出たままにならないように，テープなどを巻きつけ，尖った部分が出ないようにする。

② 工夫点・安全面の考慮
- 工夫したところは，身近にあるものだけで作ることのできるところと，子どもが作るときはおとなや友達と2人で協力して作れるものにしたところ。
- 安全面の考慮として，針金ハンガーを使っているので出っ張ってしまっている部分や尖って危ないところを，刺繍糸やテープを使い，覆ったところ。

③ 実際に使ってみて
- 安全面を考慮して付けたはずの刺繍糸がシャボン玉液を吸ってしまい，うまく膜を張ることができなかったため，残念ながらシャボン玉はつくることができなかった。

④ 改善点
- シャボン玉液を付ける面が全て平らでないと上手に膜は張らないので，もともと平らになっている素材を使う。
- 吸水性のある素材を使わない。

**図12-1**　学生の事後のレポートより

### ❸ 2回目：改良した事前活動と子どもへの伝え方を考える

**改良した液や道具を試す**

　1回目の経験をもとに，自分なりに工夫したシャボン玉液や道具を持ち寄り，再挑戦する。改良した成果が感じられることで，「試行錯誤が楽しさや発見につながる」ことを実感する。

**子どもへの伝え方を意識する**

　子どもの年齢や発達段階を考慮し，どのように伝えれば興味をもたせられるかをグループで議論する。各年齢に応じた道具と環境を準備することで，子どもたちが安全かつ充実した遊びの時間を楽しめる。

**実践に向けて**

　シャボン玉遊びを通じた振り返りでは，子どもたちがどのように遊びを楽し

み，工夫や挑戦を行ったか，友だちとのやり取りや発見を経験していたか等を，活動のなかでよく見ていく。また，保育者としての準備やかかわり方がどうだったかも考えていく。

**表12-1** シャボン玉遊びにおける年齢別の楽しみ方と道具の準備

| 年齢 | 楽しみ方 | 道具の準備 |
|---|---|---|
| 乳児期（2歳まで） | 周囲のおとなが作ったシャボン玉を見たり追いかけたりする。感覚を通じて世界を知る。 | 大きなシャボン玉が作れる道具，安全性の高いシャボン玉液，簡単で安全な道具。 |
| 3～4歳 | 息を吹いて自分でシャボン玉を作る。追いかけたりわったりする。友達との社会的なかかわりが育まれる。 | 自分で吹ける道具，子どもの手に合ったサイズの道具，多機能な道具。 |
| 5歳 | 大きなシャボン玉を作ったり，壊さずに運んだりする工夫を楽しむ。友達と競争や協力をする。 | 大きなシャボン玉を作れる道具，カスタマイズ可能な道具，丈夫な作りの道具。 |

## ワークを通じて得られる学び（学生に学んで欲しい観点）

### 準備の重要性

　道具や液の準備が遊びの質に大きく影響することを実感し，事前に想定する力の重要性を学ぶ。

### 試行錯誤の価値

　「うまくいかない」を「次はこうしてみよう」に変える姿勢を身につけ，子どもの探究心や挑戦の楽しさを理解する。

### 子ども視点と保育者の役割

　子どもたちの発達段階に応じた適切な伝え方を考え，保育現場での実践力を高める。

　このように，学生はシャボン玉遊びを体験することにより，保育者としての視点や教材研究の大切さへの気づきを育てながら，楽しさや学びを共有する方法を探究する。

### 配慮事項・留意点

　ワークを進める際は，試行錯誤や発言を尊重し，他者の意見や工夫を肯定的に受け入れる雰囲気をつくる。感性や興味の違いを尊重し，多様な学び方を認

めるとともに，試行錯誤や気づきの過程を重視し，振り返りや共有の機会を設ける。教員は必要に応じて助言や問いかけを行い，安全管理を徹底しながら進行を柔軟に調整し，安心して参加できる環境を整える。

### 学生の取組例・ワークを通して学んでいること

写真12-2 ● シャボン玉をわる楽しさも味わう

写真12-3 ● よくとんだシャボン玉を皆で目で追う。われないように……と応援したり祈ったり

写真12-4 ● 1つのシャボン玉を3人でくっつけようと……心を合わせて吹く

## Work 2　さまざまな情報にふれるなかで出会う生活の豊かさを探す～日常のなかにある形探し（丸・四角・三角）～（第11章の学びを活かしたワーク）

### ワークのねらい

**日常のなか**にある環境に存在する形や構造に目を向ける力を育てる。子どもの視点で世界を観察し，気づきや発見を体験する。さらに見つけた形を共有することで，**多様な視点や発見**の楽しさを実感する。

### ワークの進め方

#### 準備

スマートフォンやカメラを用意し屋外（学校および周辺，公園など）に出かけ，丸・四角・三角の形を探す。

#### 実施

各形（丸・四角・三角）を1つずつ見つけ，写真を撮影する。撮影した形の「具体的な場所」や「その形の特徴」について記録し，どのようなことに不思議さや楽しさがあるかを考える。

写真12-5 ● 自分の視点で身近な物を捉えてみる

151

**共有**
　撮影した写真を授業で共有し，形を発見したときのエピソードや，他の学生との違いを話し合う。

**振り返り**
　自分の生活環境にどのような形が多くあるのかを考察し，生活のなかにある豊かさに気づく。

**ワークを通じて得られる学び（学生に学んで欲しい観点）**
・日常的に見過ごしがちな環境に目を向けることで，周囲の生活や構造の豊かさに気づく。
・同じ形でも，視点を変えるとさまざまな意味や用途があることを理解する。
・他者と写真や発見を共有することで，自分とは異なる視点や新たな発見にふれる楽しさを実感する。

　このワークを通じて，学生たちは単なる形探しに留まらず，身近な環境をより深く観察し，生活のなかにある美しさや豊かさを体感する学びを得られるだろう。

**配慮事項**
　屋外活動の際には安全や周囲の迷惑にならないように注意し，個々の視点による発見を否定せず，それぞれの気づきを大切にする。

### 学生の取組例・ワークを通して学んでいること

写真12-6 ● マンホールは一般的には丸なのにこれは四角だった。子どもは興味をもちそうだと思った

写真12-7 ● 数字も形もチェーンも丸ばっかり

写真12-8 ● 渋谷の街を上から見ると，大小さまざまで色々な四角があった

## 参考文献 ·····················································

### 序章　子どもとともに「心揺れ動く体験」を創り出すために

無藤隆代表，保育教諭養成課程研究会編『幼稚園教諭養成課程をどう構成するか モデルカリキュラムに基づいた提案』萌文書林，2017

### 第3章　乳幼児期・児童期の思考や科学的概念の発達の特徴

W. C. クレイン，小林芳郎・中島実共訳『発達の理論』田研出版，1984

中垣啓「ピアジェ発達段階論の意義と射程」『発達心理学研究』第22巻第4号，2011，pp.369-380.

坂上裕子・山口智子・林創・中間玲子『問いからはじめる発達心理学——生涯にわたる育ちの科学』有斐閣ストゥディア，2014

L. S. ヴィゴツキー，柴田義松訳『思考と言語 新訳版』新読書社，2001

柴田義松『ヴィゴツキー入門』子どもの未来社，2006

### 第5章　幼児教育と小学校教育の「学びのつながり」

中央教育審議会 初等中等教育分科会 幼児教育と小学校教育の架け橋特別委員会「学びや生活の基盤をつくる幼児教育と小学校教育の接続について——幼保小の協働による架け橋期の教育の充実」2023

文部科学省「幼保小の架け橋プログラムの実施に向けての手引き（初版）」2023

文部科学省「幼保小の架け橋プログラムの実施に向けての手引きの参考資料（初版）」2023

文部科学省「幼稚園教育要領解説」2018

文部科学省『幼児教育と小学校教育がつながるってどういうこと？——幼児教育と小学校教育の円滑な接続のための参考資料』東洋館出版社，2024

田村学・齋藤博伸監修，日本生活科・総合的学習教育学会第32回全国大会・神奈川大会実行委員会編著『「生活・総合」の新しい授業づくり——探究的な学びを実現する』小学館，2023

### 第6章　保育のなかでのICT活用

請川慈大・高橋健介・相馬靖明編著，利根川彰博・中村章啓・小林明代『保育におけるドキュメンテーションの活用（ななみブックレット；No.4.新時代の保育；1）』ななみ書房，2016

河邉貴子・田代幸代編著『目指せ、保育記録の達人！——Learning Story＋Teaching Story』フレーベル館，2016

末松加奈編著『幼児と児童のための教育とICT活用（やさしく学ぶ教職課程）』学文社，2023

## 写真協力

宇都宮大学共同教育学部附属幼稚園（栃木県宇都宮市）：写真1-1，9-1～9-3，9-5，11-6，
　　11-7，11-9，11-11～11-18

幼保連携型認定こども園 西田地方保育園（富山県富山市）：Work6，写真4-1，4-2，4-6，4-7

幼保連携型認定こども園 にながわ保育園（富山県富山市）：写真4-3～4-5，4-8

富山国際大学子ども育成学部（富山県富山市）：写真4-9～4-11

東京ゆりかご幼稚園（東京都八王子市）：写真6-2，6-3

幼保連携型認定こども園 蒲町こども園（宮城県仙台市）：写真6-4

もみの木保育園太子堂（東京都世田谷区）：写真6-5

大津市立平野幼稚園（滋賀県大津市）：写真7-1

滋賀大学教育学部附属幼稚園（滋賀県大津市）：写真7-2，7-3

文京区立お茶の水女子大学こども園（東京都文京区）：写真8-2～8-20

東京学芸大学附属幼稚園 小金井園舎（東京都小金井市）：写真10-1～10-6

NPO法人国際自然大学校（東京都狛江市）：写真10-7，10-10

国立信州高遠青少年自然の家（長野県伊那市）：写真10-8

国立若狭湾青少年自然の家（福井県小浜市）：写真10-9

# 索引

## アルファベット

| | |
|---|---|
| AI | 18 |
| ESD | 11, 61 |
| ICT | 4, 9, 18, 54 |
| ICT活用 | 54 |
| SDGs | 11, 61 |
| SDGs時代 | 62 |

## あ行

| | |
|---|---|
| 明日の発達水準 | 26 |
| 遊び | 32, 35, 76 |
| …に取り入れる | 109 |
| …の環境 | 35, 38 |
| …の広がり | 77 |
| …や学びのプロセス | 44 |
| アニミズム | 28, 110 |
| アプローチカリキュラム | 42 |
| 生き物の飼育 | 100 |
| 生きる力 | 8 |
| 畏敬の念 | 120 |
| 移動遊具 | 78 |
| 意欲 | 72 |
| ヴィゴツキー | 26 |
| 援助 | 83, 87 |
| 援助者 | 33 |
| 応答的なかかわり | 87 |

## か行

| | |
|---|---|
| 科学的な思考 | 26 |
| 科学的理論 | 29 |
| 架け橋期 | 43 |
| …のカリキュラム | 43, 47 |
| …の教育の充実 | 42 |
| 可視化 | 59 |
| 仮説 | 26 |

| | |
|---|---|
| 仮説検証 | 26 |
| 学校教育法 | 41 |
| 葛藤 | 119 |
| 家庭と連携・協働 | 44 |
| 家庭内の教育力 | 7 |
| 家庭の経済格差 | 20 |
| 感覚－運動期 | 24 |
| 感覚器官 | 23 |
| 感覚的にかかわる | 124 |
| 環境 | 2 |
| …にかかわる力 | 2 |
| …の構成 | 34 |
| …を探索する | 70 |
| 環境構成 | 44 |
| 環境づくり | 44 |
| 感性 | 17 |
| 間接体験 | 57 |
| 感動 | 31 |
| 飢餓をゼロに | 64 |
| 季節 | 107 |
| 気づき | 72 |
| 嗅覚 | 107 |
| 教育課程 | 43 |
| 教育基本法 | 41 |
| 教育的価値 | 74 |
| 教育方法や内容 | 43 |
| 共感 | 107 |
| 共感する | 119 |
| 教材 | 46 |
| 教材研究 | 73 |
| 教師の支援 | 46 |
| 協調性 | 119 |
| 共同作業者 | 33 |
| 協同性 | 45 |
| 興味・関心 | 34, 71 |
| 共有化 | 59 |
| 具体的操作期 | 24, 26 |
| 具体的な活動や体験 | 48 |
| クラーク | 60 |

索引　155

| | |
|---|---|
| 形式的操作期 | 24, 26 |
| 健康 | 2 |
| …な心と体 | 45 |
| 合科的・関連的な指導 | 41 |
| 好奇心 | 120 |
| 五感 | 29 |
| 心の原風景 | 119 |
| 心のより所 | 33 |
| 心の理論 | 27 |
| 心揺れ動く体験 | 1, 3, 147 |
| ごっこ遊び | 140 |
| 固定遊具 | 77 |
| 言葉 | 2 |
| …による伝え合い | 45 |
| こども基本法 | 32 |
| 子ども同士の交流 | 44 |
| 子どもの理解者 | 33 |
| コミュニケーション力 | 119 |

## さ行

| | |
|---|---|
| 挫折 | 72, 119 |
| 雑草 | 93 |
| 参加・体験型の学び | 62 |
| シェマ | 24 |
| …の内化 | 25 |
| 視覚 | 107 |
| 試行錯誤 | 118 |
| 思考の始まり | 25 |
| 思考力 | 16 |
| …の芽生え | 45 |
| 思考力，判断力，表現力等の基礎 | 35 |
| 自己中心 | 25 |
| 資質・能力 | 35 |
| 自信 | 72 |
| 自然観 | 94 |
| 自然環境 | 116 |
| 自然現象 | 109 |
| 自然体験 | 16 |

| | |
|---|---|
| 自然体験活動 | 94 |
| 自然との関わり・生命尊重 | 45 |
| 自然の変化 | 92 |
| 自然や社会の事象 | 37 |
| 持続可能な開発のための教育 | 11, 61 |
| 持続可能な開発目標 | 11, 61 |
| 持続可能な社会 | 11, 63 |
| 視聴覚教材 | 56 |
| しなやかな心と体 | 14 |
| 社会生活との関わり | 45 |
| 社会の出来事 | 141 |
| 充実感 | 118 |
| 主体的・対話的で深い学び | 44 |
| 主体的な環境への働きかけ | 71 |
| 循環型社会 | 10 |
| 小学校学習指導要領 | 41 |
| 少子化 | 19 |
| 小動物 | 100 |
| 情報化 | 19 |
| 情報活用能力 | 55 |
| 情報機器 | 56 |
| 情報通信技術 | 9, 18, 54 |
| 触覚 | 107 |
| 自立心 | 45 |
| 人工知能 | 18 |
| 人的環境 | 37 |
| 推理 | 72 |
| 推論 | 26 |
| 数量や図形 | 123 |
| …にかかわる感覚 | 123 |
| 数量や図形，標識や文字などへの関心・感覚 | 45 |
| スタートカリキュラム | 42 |
| 生活科 | 41, 47 |
| …の学び | 51 |
| 生活的概念 | 29 |
| 生態系 | 101 |
| 生態系サービスの恩恵 | 13 |
| 生物多様性 | 13 |

前操作期 …………………………… 24

ソーシャルディスタンス …………… 54

素朴理論 …………………………… 27

## た行

第1次循環反応 ……………………… 24

第2次循環反応 ……………………… 24

第3次循環反応 ……………………… 25

体験を通して学ぶ ………………… 47

大自然 ……………………………… 115

達成感 ……………………………… 73

多様な動き ………………………… 116

探究心 ……………………………… 120

探究的な学び ……………………… 74

探索意欲 …………………………… 63

探索行為 …………………………… 70

探索的な動き ……………………… 87

知識および技能の基礎 …………… 35

知識基盤社会 ………………………… 8

聴覚 ………………………………… 107

調節 ………………………………… 24

挑戦 …………………………… 72, 73

直接体験 …………………………… 57

直感的な思考 ……………………… 25

伝え合う楽しさ …………………… 134

伝わる喜び ………………………… 134

提案する …………………………… 119

適応 ………………………………… 24

伝統 ………………………………… 142

伝統文化 …………………………… 145

同化 ………………………………… 24

道徳性・規範意識の芽生え ……… 45

道徳的判断 ………………………… 31

都市化 ……………………………… 19

## な行

納得 ………………………………… 73

2次的シェマの協応 ……………… 25

人間関係 ……………………………… 2

認知 ………………………………… 23

認知発達理論 ……………………… 23

ねらい及び内容 …………………… 78

## は行

発達段階 …………………………… 43

発達に必要な体験 ………………… 37

発達の最近接領域 ………………… 26

発達の諸側面 ………………………… 2

発達や学びの連続性 ……………… 41

判断 ………………………………… 72

ピアジェ …………………………… 23

表現 …………………………………… 2

標識や文字 ………………………… 135

深い学び …………………………… 51

物的環境 …………………………… 37

文化 ………………………………… 142

保育環境 …………………………… 74

保育者の専門性 …………………… 32

保育所保育指針 …………………… 41

## ま行

学びに向かう力，人間性等 ……… 35

学びのつながり …………… 4, 41, 53

学びや生活の基盤 ………………… 42

満足感 ………………………… 72, 118

味覚 ………………………………… 107

身近な植物 ………………………… 92

認める …………………………… 119

身のまわりにある物事などを感じ取る力 …… 17

見守る ……………………………… 119

文字環境 …………………………… 133

モデル ……………………………… 33

物 …………………………………… 71

…の特質や特性 …………………… 75

索引 | 157

…の特性 ……………………………… 71

## や行

遊具や用具 ……………………………… 76

豊かな環境 ……………………………… 2

豊かな感性 ……………………………… 16

…と表現 ………………………………… 45

豊かな体験 …………………………… 22, 51

幼児期の終わりまでに育ってほしい姿

……………………………………… 42, 43

幼児期の学び …………………………… 51

幼児教育と小学校教育の架け橋特別委員

会 …………………………………… 42

幼児理解に基づいた評価 ……………… 56

幼稚園教育要領 ………………………… 41

幼保小架け橋プログラム ……………… 43

幼保小の架け橋プログラム実施に向けての

手引き（初版）………………………… 43

幼保連携型認定こども園教育・保育要領 …… 41

## ら行

陸の豊かさも守ろう …………………… 64

領域 ………………………………………… 1

…「環境」…………………………… 2, 63

領域に関する専門的事項 ………………… 1

レイチェル・カーソン ……………… 17, 107

論理的操作 ……………………………… 29

# 子どもと環境
## 子どもの感性をひらく保育者のかかわり

## 編 者

| | | |
|---|---|---|
| 神長美津子 | 國學院大學名誉教授，大阪総合保育大学特任教授 | |
| 高柳恭子 | 宇都宮共和大学非常勤講師 | |
| 桂木奈巳 | 宇都宮共和大学教授 | |
| 青木康太朗 | 國學院大學教授 | |

## 執筆者 （執筆順）

| | | |
|---|---|---|
| 神長美津子 | 前掲 | 序章，第8章① |
| 桂木奈巳 | 前掲 | 第1章，第9章，Work①・② |
| 青木康太朗 | 前掲 | 第2章，第10章②，Work③・④・⑤ |
| 富山尚子 | 東京成徳大学教授 | 第3章 |
| 石倉卓子 | 富山国際大学教授 | 第4章，Work⑥ |
| 山下文一 | 高知学園大学・高知学園短期大学学長 | 第5章① |
| 黒澤寿美 | 聖徳大学教授 | 第5章② |
| 中田範子 | 東京家政学院大学教授 | 第6章 |
| 中井清津子 | びわこ学院大学教授 | 第7章 |
| 宮里暁美 | お茶の水女子大学特任教授 | 第8章② |
| 中野圭祐 | 國學院大學助教 | 第10章① |
| 高柳恭子 | 前掲 | 第11章①・③ |
| 市川舞 | 宇都宮共和大学教授 | 第11章② |
| 田島大輔 | 和洋女子大学助教 | 第12章 |

（2025年4月1日現在）

## 子どもと環境
子どもの感性をひらく保育者のかかわり

2025年4月10日　発行

| | |
|---|---|
| 編著者 | 神長美津子・高柳恭子・桂木奈巳・青木康太朗 |
| 発行者 | 荘村明彦 |
| 発行所 | 中央法規出版株式会社 |
| | 〒110-0016　東京都台東区台東3-29-1　中央法規ビル |
| | Tel　03（6387）3196 |
| | https://www.chuohoki.co.jp/ |

| | |
|---|---|
| 印刷・製本 | 株式会社アルキャスト |
| 本文・装丁デザイン | 澤田かおり（トシキ・ファーブル） |

定価はカバーに表示してあります。
ISBN978-4-8243-0198-7

本書のコピー，スキャン，デジタル化等の無断複製は，著作権法上での例外を除き禁じられています。また，本書を代行業者等の第三者に依頼してコピー，スキャン，デジタル化することは，たとえ個人や家庭内での利用であっても著作権法違反です。
落丁本・乱丁本はお取り替えいたします。

本書の内容に関するご質問については，下記URLから「お問い合わせフォーム」にご入力いただきますようお願いいたします。
https://www.chuohoki.co.jp/contact/

A198